U0824726

法律进化论

习惯与法律

法律進化論：慣習と法律

[日]穗积陈重 著

曾玉婷 译

中国法制出版社

CHINA LEGAL PUBLISHING HOUSE

作者简介　穗积陈重（1855—1926年），日本近代法律的主要奠基人，《日本民法典》的主要起草人，明治、大正时期著名法学家、政治家。先后就读于日本东京帝国大学、英国伦敦大学、德国柏林洪堡大学。1881年学成回国，入东京大学法学部担任讲师，在日本历史上第一次开设"法理学"课程。次年2月，升任教授兼法学部部长。1890年入选日本贵族院议员，1915年被授予"男爵"称号，1917年担任日本学术界最高地位的学士院院长一职，1925年出任枢密院议长，主要代表作:《法律进化论》《复仇与法律》《法窗夜话》《续法窗夜话》《法典论》《隐居论》《五人组制度论》《实名敬避俗研究》《祖先崇拜与日本法》等。

译者简介　曾玉婷，厦门大学嘉庚学院日本语言与文化学院副教授，大连外国语学院日本语言文学学士，上海外国语大学日本语言文学硕士，日本语能力考试一级、日语专业八级、上海市日语口译资格证书，研究兴趣为中日法律文化比较研究、翻译理论与实践。迄今，出版译著5部，代表性作品包括:《复仇与法律》(中国法制出版社2013年版)、《法窗夜话》(法律出版社2015年版)、《续法窗夜话》(法律出版社2017年版)、《法官因何错判》(法律出版社2019年版)、《法律进化论：禁忌与法律》(中国法制出版社2022年版)、《法律进化论：复仇与法律》(中国法制出版社2022年版)、《足利女童连续失踪事件》(文汇出版社2022年版)。

前 言

在穗积奖学财团一贯的大力支持与植木直一郎教授的不断努力下，父亲穗积陈重遗著《法律进化论丛》第三册之《习惯与法律》终于问世，本人欢喜之余，亦无限感激。

作为本书主体的“习惯与法律”本应纳入“法律进化论”系列第一部“法原论”中“原质论”之“习俗规范篇”内，是已出版的《法律进化论丛》第二册“德义规范篇”之“礼与法律”的后续内容。

本篇仍是父亲未完稿之遗作，文章最初之编排顺序为：（一）习惯之起源；（二）习惯之本质；（三）习惯之效力；（四）习惯之享有法性。之后父亲修改序号，更新为：（一）习惯之起源；（二）习惯之享有法性；（三）习惯之本质；（四）习惯之效力。然而，如今我通读全文，变更后的排序似乎反倒令内容不成体系。或许父亲原计划依照新排序对全文进行大刀阔斧之整合，可未及实施便驾鹤西去，徒留残稿。因改序后之文章不适合问世，故本书采用最初之排序，并且依编者之考量，将第四部分“习惯之享有法性”一分为二，其后半部分内容独立为“习惯享有法性之相关学说”。

关于“习惯之起源”的议题，父亲曾有论文发表于明治四十年二月的《法学协会杂志》第二十五卷第二号，此论文将收录于后续出版之论文集中。

《法信说评论》相当于《习惯与法律》第五章第五节之详论，虽内容上有重复之嫌，本书仍收为附录。此论文刊登于明治四十一年三月《法学协会杂志》第二十六卷第三号，但本书收录之文，是父亲誊抄杂志原文后亲自订正增补之草稿，内有红笔标注“四四·八·二八，静浦归途火车中校正”，即明治四十四年八月二十八日从避暑地返程途中完成校阅。原论文发表于明治四十一年三月，当时我已就读大学高年级，在父亲法理学课堂上听讲。如今为编辑本书，重温此论文，当年父亲于讲台上之音容笑貌历历在目。

收于本书附录二之《泛神说》《造化说》《强力说》三篇，乃别处之手稿，应归属于法律进化论系列之“原力论”，原计划收入《法律进化论丛》第四册之《复仇与法律》中，但方便起见，最终都收录于本书，题为《原力论残篇》。此三篇手稿中，红笔或黑笔之改写、涂抹多达两层甚至三层，雕琢打磨之苦心，历然在目，然而父亲并未满意，仍有继续订正增补之计划。譬如在《强力说》章节论及耶林观点之处，有如下朱批：

此处应参照“Zweck I.S.250，255，367”再修改。

针对此论述之批评，应看“Dahn，Vernunft im Recht，33”。

此外，在比尔林批判强力说之处，父亲以黑笔标注：

针对强力说之驳论，主要考虑法律应当是针对强力之权利（正义）之保障。

倘若不顾上述待修改、待考证之意见而出版该三篇手稿，恐怕有违先父之意，然而假使我等一一遵照批注之指示，参考指定书目并补充修正，终究能否合乎先父之意，亦是疑惑。故本书依手稿之原貌收录之，望读者诸君视其为未完稿。话虽如此，《强力说》之结语乃一紧要之处，言简意赅却颇具分量，父亲虽认为“法即力”，但对于强力说“将社会分为强弱两方，法乃强者支配弱者之力”之主张，父亲并不采纳，字里行间不难看出，他仍坚持“原力论”之结论：法之原力乃社会力。后续即将出版之《法律进化论丛》第四册《复仇与法律》中，父亲详细论述了“私力公权化作用”，“随着文明的进步，该个体力集中转化，产生了社会力”，成为原力，法律完成了进化。因此，《强力说》之结语在本书与新书之承接关系上肯定不无意义。

本书卷首有一张父亲油画肖像之影印图，身穿英国出庭律师（barrister-at-law）黑袍，头戴假发，时值大正四年三月，《隐居论》问世。大正四年，穗积奖学财团为贺父亲六十诞辰，请和田英作大师作画两幅，一幅赠予东京帝国大学，另一幅赠送家父。本书收录之图乃大学收藏之画像，该画像与其他学者画像共同陈列于八角讲堂。很不幸，讲堂于大正十二年九月一日关东大地震中起火，诸画像被烧为灰烬，如今仅残留此影印图，便装饰于本书卷首，以示纪念，亦对穗积奖学财团深表谢意。赠送家父的那幅画像如今仍悬挂于父亲生前书斋墙上，画中父亲身着和服，伏案执笔，仿佛默默守护着遗稿之编辑。大正十三年，为贺家父七十诞辰，财团延请石桥和训大师，重画先前赠予大学之画像，既然是旧画之新作，便仍安放于新讲堂之上。

家父极其仰慕梅因（Sir Henry Sumner Maine），从梅因著述中获益良多，想必读过家父作品的读者也有所察觉。本书更是大量引用梅因四大著作——Ancient Law，Village Communities，Early History of Institutions，Early Law and Custom，因此本书收录的第二张图片，便是家父生前爱不释手的上述四部作品。书籍以上文书名顺序依次堆叠，前三部书乃家父在英国求学期间

所购，最后一部是归国后不久入手，此后父亲可谓手不释卷，以他最爱之“韦编三绝”来形容再恰当不过。每部书中无一页无画线或书评，或红或黑，数不胜数，且多处夹有细纸条，以便日后翻看查阅，各位也可从此图中一窥端倪。Ancient Law一书乃1876年发行之第六版，父亲于扉页自书：

Nobushige Iriye

Middle Temple

Jan.1877

1877年乃明治十年，父亲恰在英国伦敦中殿律师学院求学，购得此书最新版，当时自称姓氏为“入江”（Iriye）。父亲还于内页自书“温故知新”一词，字迹遒劲有力。此乃家父早年笔墨，相当珍贵，且可从中窥见父亲当时阅读之激动，故亦将此图收录于本书中。

Village Communities为1876年发行之第三版，其扉页亦有"Nobushige Iriye"之署名。Early History of Institutions乃1875年发行之第二版，扉页上提有：

Nobushige Iriye

Dec.1878

估计该书也同样于伦敦购得。最底下一本Early Law and Custom乃1883年发行的第一版，此时父亲早已归国，恐怕是托人捎带。1883年乃明治十六年，我刚出生，翌年胞弟出生。父亲生前既好阅读亦爱孩童，我不禁追忆往事，浮想联翩，或许父亲正是在弱子的啼哭嬉笑声中，不疾不徐地翻阅梅因之大作。

穗积重远

昭和四年五月

目录

CONTENTS

第一章 习惯之起源

第一章　习惯之起源

原始状态的人类，乃习惯之奴隶。今人常做如是想：太古乃黄金时代，天地间存在完全自由，原始人亦淳朴而不知罪恶，然世至浇季，道德次第衰败，欺诈、偷盗、斗争之事渐生，乃至须以法、礼来约束人类行为。儒家尚古贱今，佛教徒说末法万年，基督教徒说人类因原罪堕落，学者则往往以国家及法律作为浇季之制，譬如种种，皆脱胎于上述妄想。然新近之人类研究结果却颠覆了该思想。进化替代了堕落，人类之发展趋势并非向下，而是向上，倘若真有黄金时代，不该于过去寻找，而应面向未来探求。原始社会民众自由不羁之说，乃此尚古癖所伴随之误谬。诚如格雷所言·“相信野蛮状态下的人类拥有思想及行动的自由，是绝对的妄想。”（Grey, Australia. II. p.217.）

近世的人类学者、社会学家已经齐齐论证，未开化的民族在日常生活中的一切细微举止皆要受制于繁文缛节，起居、饮食、步行、睡眠悉数依惯例而行，世间再无人比这些人更不自由。（Lubbock, The Origin of Civilization, ch.x.）梅因曾说："在印度，人人皆为其所属群体之奴隶。"（Maine, Village Community. Lect. I.）此话可谓半开化以下社会之常情。当然，现今文明人之祖先的生活状态并非等同于现今之未开化民族，但倘若因在文明民族历史长河中，见古代习惯生活的范围之广，便由此推断原始社会民众的生活自由不羁，无疑是误谬。

世代交叠于两端，老人作为上一代之遗物存于这一代之一端，幼儿作为下一代之萌芽则存于另一端，所谓往者与来者，便是在这一代迎来送往、联结过去与未来之人。人类乃哺乳动物中拥有最复杂组织的动物之一，在可独立生活前，与父母同住时间最长，因此从无意识的婴儿时期起，至拥有自我判断力的成年时期，常起居于父母膝下，受其爱护与感化，言谈举止模仿父母兄弟，在吸取慈母甘甜乳汁的同时，亦吸收上一代人之思想。在脑髓柔软、易留印象的幼年、青年时期接受的思想言论，逐渐形成自身习性，复又传于下一代。更何况祖先崇拜乃原始社会之基础，对父母的敬爱之情延至祖先及神灵，并祭祀之（拙著《祖先祭祀与日本法律》第一篇第一章）。子孙以继承祖辈之遗业、不改父道为孝，以保存、依遵祖先累世遗风为义务。因此，虽然祖上留下的旧习已失去当初的意义及实用价值，却依然代代相传，仅凭祖先遗风一说，足以令子孙盲从。青涩少年与成熟智者、弟子与师父，皆为后来者追随先行者之足迹，恰如大雁列队翱翔天空，鱼儿成群游戏水中。后代继承前世数代累积而成的思想言行，前后相似，遂生习惯，塔尔达称之为“模仿”（Imitation）。（Tarde, Les Lois des l’imitation.）罗斯将其归为“社会暗示”（Social suggestion）。（Ross, Social Control. ch. VIII. et. seq.）上述二者各从相异角度观察同一现象，若为被动，便是模仿，若为主动，便是暗示。

虽很难断言暗示说与模仿说皆为误谬，但二者难免有说而未详之憾。在同一事上长期做同一行为，最终产生习惯之形式，原因在于暗示或模仿，此乃世人普遍看法。然而，暗示或模仿之所以会发生，并非偶发之原初事实被偶然暗示或模仿，也并非人们于无意识间接受暗示或进行模仿。必是人之精神状态或生理状态为其根本原因，众人方才长期重复同一行为。为此，吾将就习惯发生之精神因素与生理因素分而论之。

（一）主观原因

众人长期做同一行为并最终形成习惯之形式的主观原因乃适应意识。凡个人之行为，因其最合乎生活所需而发生。因此众人之一致行为，必定是由于人们意识到其合乎生活所需，或个人行为得到他人承认而合乎生活所需，进而被模仿时，才可发生。其过程性便是流行，其连续性便是习惯。有人因积极趋利而为之，有人则因消极避害而为之，可见其行为动机并非一致，却同样都来自适应意识。其实，人们有时并不审视作为习惯之基本事实的行为是否合乎生活所需，仅仅因为效仿众人既安全且便利甚至令人愉悦，故模仿之。此亦来自适应意识。二者之差别，仅在于前者是对基本事实的直接适应意识，而后者是间接适应意识。该意识长期存在于众人之中，因暗示、模仿或者审视等故，长久因袭，使一定的行为成形，方才有习惯。

吾说习惯来自适应意识，仅就习惯的主观起因而言，并非意指习惯之起源必定合理且必然合乎生活所需。当然，多数习惯源于当时的生活需求，然而愚蒙未开的民众往往迷信且无知，某些不合理且与生活需求背道而驰的行为仍多有人为之，后来者亦效仿之，竟成习惯，此等情状亦非少见。例如，以人献祭之残忍行径，因“合乎神意”，故众人为之，又或行不洁之事以求多福少灾，皆因众人迷信重复此类无理有害之行为最合乎生活需求，且此迷信延绵不断，最后竟成习惯。

习惯之基本事实因众人对生活的主观适应价值而成形，但有时也因想象导致一个基本事实催生出其他习惯，此类习惯便是依靠想象的适应价值而成形。例如热带地区盛行的沐浴礼俗，原本只为清洁身体，然而众人从沐浴可防病的适应价值推而广之，认为沐浴也可免除诸多灾厄，进而行祓濯之事，最终生成一习俗，以沐浴来祓除罪恶。因此，即便乍看之下无意义且无理之习惯，亦有其诞生或存在之原因，细察之，便可知其起源乃基本事实的适应价值。

（二）客观原因

相同秉性之人于相同境遇中受外界相同刺激之时，产生的生理反应亦相同。此非人类社会独有之现象。相同力作用于相同状态之相同物上，其结果亦相同，此乃万物通行之法则。正如同一家族、氏族或种族之人，因遗传等拥有相似特性，久居同一住所之人，因顺应作用等拥有相似性格，心怀相同感受时，因其住所之地形、土质、风土、气候，即山河、沼泽、原野、港湾、寒暖、干湿、肥瘠、种植物种类多少，周边种族之强弱、多少等环境状况，遂生相同感应，其生活状态亦逐渐趋同，此乃自然之势。由于原始习惯多于血族团体中形成，学者往往认为习惯源自“氏族习惯”（clan–custom）。有时秉性相异之人，若于相同境遇中受相同刺激，时日一久，亦产生相同反应。此情况下，其刺激必然较为强烈，明确触发此人的适应意识。反之，相同秉性之人因为所感相似，从应激反应中产生的一致行为几乎是无意识的产物，此现象亦非少数。然而，其原因仅仅是其适应意识容易统一而已。处于相同境遇之人接受相同刺激，是习惯发生的客观原因。

由是观之，认为习惯源自偶然模仿之说可谓言而未尽。此外，认为居高位者暗示陶冶居低位者习性之说，亦未论说完备。

假设习惯发生之基本事实并未触发众人相同感受，众人自始至终不会视之为典范，更不会模仿。假设其基本事实并无持续价值，先行者对后来者之暗示便不会恒久维持其效力。众人之模仿必有其因，其模仿长期存续亦有因。而模仿、暗示有效之原动力，正是适应意识。生活需求相似之社会有相似之习惯，生活需求迥异之社会，其习惯亦各异。由此可见，习惯之发生并非基于偶发事实，背后必存一定之理法。

习惯并非从偶然中产生。往往有学者意图以草丛小径为例来解释习惯之发生。霍兰德曾说："某人因某目的偶然间朝某个方向横穿草丛，后来者便沿其足迹通行，此乃惯例，遂有了路。"也有学者认为，行为有统一性，是由于人们选择有利可图的行为，但某些时刻，某些行为偶然开始，偶然反复，遂成惯行。（Holland, Jurisprudence. ch. V.; vide, Ihering, Entwickelungsgeschichte des roesmischen Rechts. S.15.）或许最初的通行者偶然寻一方向前进，然而众人沿其足迹往同一方向前行，进而踩出路径，必是由于适应意识，或是由于此人所取方向乃最短距离之直线，或是由于此路荆棘最少，或是由于此人于草丛中踩踏出一条容易行走之路。总之，倘若不是因为上述诸多适当之理由，众多后来者不会选择相同路径。假如最初之人故意或偶然迂回前行，或者所行之处遍布荆棘，那么后来者无疑不会重蹈覆辙。因此，基本事实虽然有其偶然性，但认为既成事实乃偶然，便是无深思熟虑之谬说。一人之力无法生成习惯。习惯乃众人同时或逐渐认识某行为之适应价值而生成的行为之积累，因此认为习惯来自偶然行为之巧合绝非正解。

习惯之发生乃基本事实及既成事实之综合。例如，成亲要靠媒人乃习惯之基本事实，众人依靠媒人成亲一事长久持续，便是习惯之既成事实。基本事实可始于个人之单独行为，或数人之共同行为，或数人行为之巧合。习惯之发生，不少是因为英雄豪杰、圣贤、高僧、占卜者等言行举止令人崇敬，众人遂模仿之。再或恰逢大喜之日发生之事令人无上喜乐，众人便视其为大吉重复之。又或天地异变时偶发之事令人恐惧殊甚，众人便纷纷效仿幸免者之行为。如是观之，习惯之发生时而基于个人之初始行为，时而源于偶然，然而习惯乃同一行为长期反复而成，若非众人长久依其形式而行动，习惯绝无发生之可能。众人之行动，皆因持续认识其基本事实之适应价值，故习惯之成立必然符合众人之适应意识。因此，个人行为或偶发事实或许是习惯之基本事实，然而此基本事实此后被众人反复因袭，故习惯既非源自偶然，亦非基于个人始创。

第二章

习惯之本质

第二章　习惯之本质

习惯乃众人产生长期相同行为之规范。当先行者中的多数人长期在同一领域反复做同一行为时，便产生出以长期为经、以众人为纬之行为形式。其形式具备规范之性质，成为该社会后来者之行为准则，则来自一积极原因与一消极原因。自幼便见闻众人依祖训行事者，并不敢问其理由、思其利害，便依样遵守。因此，该行为最初因适应意识而产生，久而久之，当众人皆如此行事，先行者塑造、陶冶后来者之思想，甚至在对其适应价值之意识无甚明了时，依然因思想之惰性继续因袭，几乎本能地诞生一个观念，依古例为善，违之则为不善，仅单纯以惯例之事实要求个人服从。此乃习惯成为规范之积极原因。长此以往，该社会成员行为一致，此时社会便产生成员应在同一场合做同一行为之预期。因此，偶尔出现具备独立思想、富有批判意识之人，或否认习惯存在理由之人，或觉知其弊害之人，若其行为异于常人，便与众人之预期背道而驰，招致他人之失望、诧异乃至惊骇，结果便会引发众人反感，进而受到诸如嘲笑、诽谤、摈斥等社会制裁，故不少人虽不情不愿但仍屈服于习惯。此乃习惯成为规范之消极原因。正是有此积极、消极二类原因，习惯便可支配社会成员行为，故习惯乃社会力，而且是各种社会力中作用最简单明了，且具备形式的社会力之一。

习惯之观念，以时为经、以数为纬，向横纵两方向延伸，因此数量要素与时间要素缺一不可，否则习惯无法形成。下文将分别论述习惯之各个要素。

（一）习惯之数量要素

习惯之主体是习惯行为者的说法乃误谬。只有具备行为者与承认者两方当事人，习惯方能成立。三三九度[1]之献杯仪式的行事者必须是婚礼上的新人，这是由于社会承认此仪式之行为者乃夫妇，故合卺之礼成为婚事之习惯。因此，行为者自然是习惯之主体，然而习惯之所以成为社会统制力，主要是因为存在其行为之承认者。

习惯行为者与习惯承认者之存在范围既可以相同，亦可以

[1] 三三九度：日本式结婚仪式中的献杯仪式，用三只一套的杯子各敬酒三次。——译注

相异。范围相同时，既可以是事实同范围，亦可以是可能同范围。例如，中国清代男子必留长辫，国人皆依此习俗，若有违背者，便会引起蓄辫者之反感，因此，该情况便是行为者与承认者皆处于事实同范围。再如合卺之婚俗，并非人人都会结婚，因此事实上承认者之范围大于行为者。无论人数多寡，但凡结婚，必行合卺之礼，因此行为者与承认者是事实异范围、可能同范围。

行为者与承认者范围不相同之例，往往多见于地方惯例、民间惯例。譬如，某村拥有一山林，村内一部落可入林伐薪，此乃村中习惯，自古以来，全村人皆承认该部落民众伐薪之行为，而其他部落之村民则不可进入此山林中伐薪。习惯之行为者同时亦为承认者，而行为者以外还存在其他承认者，故承认者范围大于行为者，前者包含后者。

习惯乃众人之现象，故习惯之主体的行为者与承认者必须人数众多。上文论述中已经明确，承认者依习惯之范围，必须大体涵盖一国、一地、一民间或一职业之全部人群。而行为者之人数，却无须全部涵盖，甚至会出现行为者仅一人之特殊情况，这仅仅是外在表象，丝毫不影响“众人”作为习惯之要素。譬如，国王即位之习惯，其行为者仅为君主一人，君主依惯例即位时，臣民皆认可并服从。因此即便行为者仅一人，但承认者众多，那么习惯即成立。而且，其行为者仅一人并非一时之现象，凡该国之君主即位时必依此恒例，方可称其为习惯，并非一人一时之行为因得到众人承认便可成为习惯。纵令行为人确实一时为一人，但算上其他时期必须是多人。因此，人数众多乃习惯之要素，习惯必须是众人应当遵守之共同规范。

依上文所论，习惯之数量要素从横纵两方面观察，往往当事人数量众多，然而就行为者而言，并不要求横向上人数众多，只要纵向上数量多即可，即其他时期多数便足矣。仅仅是同时人数众多，无论其范围多大，都无法成为习惯之主体。军队凯旋，举国欢庆，各家各户悬挂国旗，这虽然是众人的相同行为，却不能将其称为习惯行为。反之，新年伊始，家家户户装饰门松，此乃自古以来祖祖辈辈每年必做迎新之事，故可称其为习惯行为。以此观之，习惯当事者中的众人，乃纵向之多数，而非横向之多数。

（二）习惯之时间因素

众人行为之一致，既有单一性质者，也有持续性质者，二者比较，后者往往比前者具有更强大效力。行为一致性虽是单一性质，但令人印象极其深刻，其强效之力便可导致众人争相效仿，然而其结果仅为一时之事件，或仅为一时之流行，数日或数月后，便无影无踪，再长也不过数年，烟消云散。譬如女士之发髻样式、衣服款式等，变化不定，时来时去，只能称其流行而已。反之，行为一致性若是持续，其范围之效力极为强大，譬如，为表敬意，日本国人鞠躬低头，欧美人脱帽握手，皆为世世代代持续之一致行为。因此，人人都预期他人必行此礼以表敬意，倘若偶见他人不行此礼，便会心内不悦甚至愤愤不平。上述对行为之形式怀有必然预期之例子，便是习惯。而且要达到该形式明确成形、人们对其生发出预期之感，需要数代相同行为积累。因此，长期乃习惯形成之必要元素，亦如数量因素那般，时间因素必须基于纵向观念。

就形成一个习惯所需的最短时间而言，从习惯之性质上考虑，并无一个确切标准。因国家、社会而异，有自行规定种种习惯之初始期，有以建国、革命、宗派创始人诞生等重要节点为初始期，有时或因定例自古有之必须服从或如“因循百年以上之旧例”所言，以其作为习惯形成之年限。就习惯法之效力的产生而言，寺院法应依照时效期，英国法则规定惯例从人对其有所记忆之时开始算起。然而，上述种种时期判断皆为专断，绝非源自习惯之性质。总而言之，习惯之成立，需要一段足够长的时期，产生令当事者遵循之必要性。

第三章 习惯之效力

第三章 习惯之效力

希罗多德曾说：“习惯乃万物之王。”（“Custom is King over all.”—Herodotus. III. 38.）培根也有名言：“习惯乃人生之主宰者。”（“Custom is the principal magistrate of man’s life.”—Bacon’s Essays, XXXIX.）习惯确实拥有强大统制力，规范社会各成员之行为。且其规范效力与基本事实之主观适应价值的大小以及习惯存在时间之长短成正比。假若众人承认该基本事实最合乎生活需要，那么该行为迅速被固化为习惯，其统制力亦因此非常强大，其存续期亦较为长久。若反之，人们对其适应价值之认识非常薄弱，那么促成习惯生成之速度便缓慢，其统制力亦较为微弱，存续期亦难长久。

然而，吾此处所谓之适应价值，乃依人之主观认识而定，因此，无论是事实上合乎生活所需，还是源自无知、迷信、误导等想象价值，若众人持续不断地意识到该价值，那么习惯便形成，且因众人意识程度不同，习惯形成之快慢、效力之强弱、存续期之长短皆有差异。所以，适应价值之实存与想象并非催生习惯效力差异之根本。基本上，习惯之规范效力与事实适用价值成正比，然而有时事实适用价值极为微弱甚至全无，但由于基本事实损害生活，因此其想象适用价值反而极大，故拥有强大统制力，此类现象并不罕见。譬如基于宗教迷信之习惯正是如此。不过，基于上述想象适用价值之习惯势力旺盛之社会，由于习惯之羁绊，其进步受阻，抑或无力承受习惯之弊害，最终会走向衰败。

培根曾说："时间是最伟大的革命者。"（"Time is the greatest innovator."）若就时间而言，他可谓最顽固的保守者。还有一名言："时光赋予事物神圣性。"（"For time consecrates; and what is gray with age becomes religion." —The Piccolomini, Coleridge's translation.）即便不善、无理、不利之事，人们久而行之，不仅不敢怪之，反而惩罚不服从者。加之年深日久，过去之思想寸积铢累，惰力倍增，以至难以改变今人之思想与行动。故习惯之效力乃基于人们对适应价值之意识，且其存续期之长短与效力强弱成正比。

初始时，人们基于适应价值之意识及执意之努力，屡屡重复某一行为时，神经及身体逐渐习惯，终成个人习性，此乃本能之反射作用。因此，随着习惯经年累代地延续，人们不再过问其基本事实合理与否，也不论其适用价值之有无，唯以习惯之名而盲从。纵然偶有人察觉其悖理之处、感其不便，但内外皆存有阻碍，难以轻易摆脱习惯之束缚。其内在阻碍，便是白芝浩所说的源自遗传训练（Hereditary drill）的神经肌肉记忆及思想惰性。（Bagehot, Physics and Politics. I），人欲改其神经肌肉记忆，或制止该惰性，不仅要消耗巨大心神，且人们向来凭本能机械行事，并且于思考上并未花费半点工夫，如今却必须破天荒费力思考，故心神、思维之消耗往往令人避难就易、因循旧习。加之思想惰性令人顺从习惯则愉悦，逆之则痛苦、不快、不安，习惯甚至可支配人之良心。一年之始，人们饮屠苏酒、食杂煮年糕，如今虽有人认为其徒有形式、毫无意义，但若不依此旧习，难免心中闷闷或若有所失，遂生不安之感。如此这般，便是心理习性已因长久因袭旧例而惰性倍增，废除习惯之困难越发加剧。

其外在阻碍，便是违背习惯而承受的外来恶报，即众人的反感、诧异、排斥等。因此，即便有人敢于且能够排除上述内在阻碍，也不愿冒险惹怒众人而承受社会制裁，不得已屈从于习惯，此类情况并不少见。而且习惯之存续时间越长，众人之反感程度越大，因此习惯之牢固程度如水泥一般随时间而增强，令人难以摆脱。

习惯之统制力作用于社会之效果，因社会发达程度不同，其价值亦不同。在原始社会，习惯之效用极大，但随着人文进步，其价值便逐渐减少，直至效用消失殆尽，甚至催生出有害结果。习惯乃静态势力，拥有组成作用以及统一作用。因此，一方面，习惯可有效整合固定社会诸多关系，夯实共同生活之基础；另一方面，由于习惯拥有保守作用，令个人自由思考能力萎缩、抑制个人自由行动，故阻碍社会改善、进步之事屡见不鲜。总而言之，在社会组成期，习惯为利；在社会发展期，习惯为害。习惯乃静态势力，自由乃动态势力。因此，习惯成为社会组成原因，而自由成为社会进步原因，二者相辅相成，方才成就社会之发展。然而，此二势力之发动顺序，必然由静入动。并且，必须于社会组织已然牢固、人们习惯社会生活之后，方能取得秩序性进步。因此，在社会生活初期，似乎有一必然法则，人类必先经历习惯统制之时期。故下文吾将就原始社会中习惯之效果略加概述。

（一）习惯强化同类意识

同类意识（The consciousness of kind）乃社会生活之基本事实，吉丁斯早已论述过。（Giddings, Principles of Sociology, ch. I.）穿相同服装、操同一语言，此类事实可增加同类感，众人长年累月在同一事项上做同一行为之事实，便可在行为者中增强同感、强化同类意识。尤其未开化之民族极少自发认知共同生活之利益，故同类行为可令人体会同类者之感受，当累世之行为形式一致时，同类意识便越发明确。因此，习惯维持同类意识，乃社会初期凝聚力之一。

（二）习惯可培养秩序生活之习性

最初，众人在相同刺激下产生相同反应，进而形成习惯，习惯之存续，乃过去众人之行为对今人之行为的规范，故个体必须协同大众，且个人行为必须遵从惯例下的共同规则。因此，习惯可培养公共习性，引导未开化的民族进入规范有序之社会生活，可谓习惯最显著之效力。

（三）习惯可培养服从之习性

因习惯乃累世积累而成，故人们对祖先的崇敬之心延续至世代传承之遗习，遵守习惯即敬重祖先，个人必须服从过去及现在的多数人。因此，习惯一方面可培养人们服从地位崇高者之习性，另一方面可培养人们服从大众的习性。由此可见，习惯引导原始社会中未能自发认知共同生活之利益的人类，使之适应社会生活，令团体成员服从凝聚力核心之权利。

如上所述，习惯于横纵两方面皆表现出效力，横向上成为众人共同生活之原力，纵向上成为保证众人共同服从之力。因此，在社会成立初期，习惯成为组成社会之势力，当社会组织稍具规模，则成为维持社会之势力。而且此组成、维持之本质，亦是习惯作为保守势力阻碍社会进步之原因。

第四章
习惯之享有法性

第一节　习惯法变三期

习惯乃国家形成期之一大统制力，社会诸多活动、个人日常行为无一不从之。随着国家体制完备，统制力逐渐改变形态，部分习惯从单纯的社会统制力转变为国家统制力，原有之社会规范开始享有法律规范之性质。而且，上述形态之转变，绝非一蹴而就，而是经年累月方才完成，故吾将习惯法变之过程分为三期：法律潜在期、法律与习惯并存期、法律分化期。

一、法律潜在期

在人文发展初期，习惯乃一般统制力，行为之三大规范——宗教、道德、法律皆呈现习惯之形态，遵从习惯即为止、为善，反之则为恶、为罪。在原始社会，习惯与法律几乎同体，两者间尚未存在泾渭分明之区别，此现象可从被称为思想之化石的古语中一窥究竟。在希伯来语中，表述习惯与法律之意乃同一词汇。（Roussel, Encyclopedie du droit.§9.）梅因曾以希腊语“忒弥斯”（θεμis）一词为例，其除有神使、神命之意义外，兼有习惯之意义；“狄刻”（δikη）一词，即“正义”“审判”；亦是“习惯”，“法律”（γóμos）一词，最初乃“习惯”之意。（Maine, Ancient Law. ch. I; Clark, Practical Jurisprudence. I. ch. IV.）此外，条顿人的哥特语中表示法律原始概念的“witoth”一词，意指“被保守之物”或“被遵守之事”。在盎格鲁-撒克逊语中，“æ”“domas”“asetnissa”三个词皆有“法”之意义，其中“æ”特指“习惯法”，“domas”意为“判例”，“asetnissa”意为“成文法”。（Thorpe, Ancient Laws and Institutes of England. Vol. I. Pref. VIII. note I.）三者中最古老者“æ”与“age”（“永年”“世代”）以及“eternity”（“永久”“无穷”）语源相同，在盎格鲁-撒克逊古诗中，该词常意指“古例”或“习惯”。英语“law”之原形为“lagu”（“横卧”“休止”），其从原意转变生成“习惯”之意后，方才意指法律整体。（Clark, Practical Jurisprudence. I. ch. IV.）

由此可见，“习惯”之古语多兼有“审判”或“法律”之意，其原因，乃当时习惯与法律之区别尚未明晰，仅因习惯乃古例，故人人必须遵从。因此，法官根据习惯进行审判，判例自身亦成为习惯，新规则仅限于产生习惯或公示习惯。当时习惯乃主要统制力，与其说习惯与法律之间无界限，倒不如说法律潜伏于习惯中。

吾已屡次阐明，在原始社会中，习惯乃唯一统制力。据莱尔（Lyall）所记，在印度，不少原始民族自创世以来尚未出现一人独权，或存在成文法规。然而，此类民族并非离合无常之未开化部族，是自古便赫然存在之社会，组织极其严密，由不可侵犯之礼仪及习惯所支配。（Fortnightly Rev. No. 121. N.S.）此类社会尚未形成国家组织，故法律并不存在，因此无法说法律潜伏于习惯之中。然而，支配其社会成员之习惯即法律前身，当社会发展、形成独立政治团体时，部分习惯便享有法性，变身为法律。因此，纯粹的习惯统制期存在于法律潜在期之前。

随着社会逐渐发展、国家体制不断完善，纯粹的习惯统制期过渡至法律潜在期。以梅因在《村落专论》之论述来展示此过程再恰当不过。据梅因所说，在印度，人人皆为其所属群体之奴隶。因此，当权者之命令，并非以命令之形式为众人所服从，而是当权者之命令乃习惯之故，众人不得不服从。“当权者之命令皆为习惯。”（“Whatever the sovereign commands is custom.”）当权者可创造习惯。（Maine, Village Communities. Lect. I, IV.）印度人视命令为习惯，新制定之规则，倘若不将其定为习惯，则无遵守之理由。据梅因所记，印度政府新建灌溉工程为耕地供水，供水分配之规定，并非政府自主决定，而是委任村中长老会议定。长老会或可履职之官员新制定之供水方法，并非源自政府或者长老会之权力，亦非源自公正平等之道德观念或村民契约，而是人为特意声明，此分配法乃基于自古以来之习惯。其实从古至今，该地并无任何灌溉用水之分配法，亦无任何旧习可言，却也自欺欺人，将其归为旧习，由此可知，印度人将本应是行为常律之规范视为习惯的观念何其根深蒂固。彼时，习惯与法律浑然一体，成为行为规范，两者间并未存在分界线，然而其规范之约束力之构成，则是习惯之观念在外，法律之观念在内。

二、法律与习惯并存期

在国家形成的初期，法律潜伏于习惯中，随着国家体制逐步完善，权力机构渐渐成形，法律逐渐从内显露于外，国家统制力遂意图令法律形式成为国民行为规范。然而，过去以习惯为唯一规范之时代的思想尚未骤然消亡，国民行为的公权力强制性规范必须是法律的思想尚未明确。因此，此过渡时期便产生一观念：习惯与法律并存，同时作为行为之规范。英国法律史便是展示此思想变迁最恰当之例。英国诺曼王朝初期，便出现法律与习惯共同构成一词语之现象。征服王威廉（William the Conqueror）制定的法律中，有如下句子：

> 此乃威廉国王征服该国后许与英吉利人民之法律及习惯。
>
> “Cez, sunt les leis e les custumes que li reis Will grantad al pople de Engleterre apres le conquest de la terre.”（Thorpe, Ancient Laws and Institutes of England. pp.190, 201.）

至十二世纪，“国王之法律及习惯”（Leges et consuetudines regni）依然是法律一固定用语，并将其总称为英国法。（Pollock, A First Book of Jurisprudence. p.239.）至十四世纪，“我王国之法律及习惯”（lex et consuetudo regni nostri）即为英国普通法（The Common Law）。勘称英国法的学理阐释始祖格朗维尔（Glanville）之著作名为《英国法律及习惯》（Tractatus de Legibus et Consuetudinibus Angliae）。格朗维尔之著作虽年代不详，但从书中内容可得知，该书成于亨利二世时期（1187年至1189年）。（Beame's Glanville, in Legal Classic Series.）在格朗维尔之后，被誉为英国法第二经典著作——布莱克顿（Bracton）于1262年或是1268年出版之书——亦题为《英国法律及习惯》（De Legibus et Consuetudinibus Angliae）。（Blaxland, Codex

Legum Anglicanarum. p.93.）如此将“法律”与“习惯”联合为一个法律领域的固定词组，与前期以同一词汇表达法律和习惯之时代相比，此时更接近两者稍有分化时期，往昔两者被视为一体之观念已开始逐渐分化为两个观念。

三、法律分化期

原始蒙昧时代，具有法律效力之习惯与仅仅单纯具有社会效力之习惯尚未界限分明，当文明之曙光照进，两者之界限逐渐为人所见。然而某一习惯究竟归属何界，却因观察者之立场或视角有异而判定结果不同，至今仍未全面一致。习惯法化的原因、时期及要件之确认与法律适用相关，对人民之休戚有至大影响。因此，自古以来，法曹为求两者界限之标准的意愿甚切，却求而不得。吾意欲先论述相关学说起因，后对习惯法基础及法性享受期相关学说分类，最后再陈述愚见。

第二节　习惯法论之起因

叙述习惯法学说之前，吾欲先论述此学说之起因，即习惯法学说乃习惯法衰退时代方才出现之奇特现象。

法国十四世纪中期发布之敕令中写道："全王国受习惯支配，成文法所规定者，臣民亦须视其为习惯遵守之。"（Koenigswarter, Histoire de l'organization de la famile en France. 156.）至十八世纪末，北部诸州中执行固有法之区域被称为"习惯法之国"（Les pays de droit contumier），南部诸州中，继承罗马法之区域被称为"成文法之国"，但罗马法亦被视为习惯执行。因此，虽然当时存有法令（Les Ordonnances）等成文法，法国国法之常态却是习惯法。

在英国，"普通法"（Common Law）之意义有若干学说。或是将西撒克逊法（West-Saxen-Lage）、麦西亚法（Mercen-Lage）和丹麦法（Dane-Lage）并称为英国普通法，或是针对地方管理、将一般法称为普通法，学者间尚未达成意见一致，但自诺曼王朝以来将盎格鲁-撒克逊时代的成文法视为习惯法执行。此后，普通法一词便指"王国惯例"（The Custom of the Realm），因此可知，一般国法是习惯法，成文法乃例外。（Blackstone, Commentaries on the Laws of England.Introd. Sec. II.）

如此以习惯作为常态法、以成文法作为异态法之时期，在不少国家的法律史中颇为常见。在此时期，习惯法具有法律效力，几乎是自明之理，并未深求其理由，导致目前仍未出现习惯法基础之相关理论。

然而，当社会新事态催生新需求、文字使用逐渐普及时，在不成文的习惯法之外制定成文法以适应新需求，最后成文法竟成法律本体，习惯法反成异态，人们或在法律上否认习惯法之存在，或禁止新习惯法之产生。而且，社会发展至成文法时代时，有人见法律常由立法机关制定，反而惊讶于不依靠立法机关便存在的习惯以及其效力基础。上述少数者被多数者质疑之例，在早前习惯法时代，成文法之效力基础为人所质疑，至成文法全盛时期，反而是习惯法被质疑。

吾曾说过法之原始状态乃无形法。罗马建国后三百年间，都处于习惯法时代，法律之全部或大部分为不成文法。十二表法制定后，方才迈入成文法时代，随着罗马版图扩张，社会新事态频发，而新习惯之产生又进展缓慢，为适应新事态，便不再等待新习惯之产生，而去依靠成文法或者长老之告示，在查士丁尼法典编纂前，法律之大部分条文为成文法。然而，十二表法中不少是当时的习惯法转变为成文的法规，其他民会制定之法，国王颁布之敕令、诏令，长老之告示，法曹之答案等，亦是将习惯法变为成文法，或是确认其意义，或是进行修正。因此，当时大部分习惯法发生成文之法化，至查士丁尼法典编纂时，普通习惯法存数极少。（Moyle, Imperatoris Justiniani Institutiones. p.108.）

在原始社会，习惯法乃法之常态，但随着文字使用之推广，明君、圣贤、预言家等人偶将法律述诸文字，人们常将其视为神谕之记录、伟人之恩典而尊重崇仰。在罗马，平民（plebs）愤怒于贵族（patricius）将习惯法之记忆占为己有、专横跋扈，导致出现平民集体撤离罗马城运动，最后迫使贵族制定并公布十二表法，自此开创了尊重成文法并使其成为民权基础之风，其后文字被大量使用，成文法与习惯法之间的比例差明显增大。当查士丁尼大帝编纂《国法大典》（Corpus juris civilis）之后，成文法变为法之常态，在博洛尼亚兴起的注释法学派将其传入欧洲诸国后，人们崇拜成文法、轻视习惯法，成文法乃法之常态，而习惯法乃法之异态的观念越发得势。

加之中世纪以来，欧洲随着国家制的蓬勃兴起，立法权之观念亦顿时发达，曾经并非主权要素的立法权成了主权的主要构成成分，于是法律悉数因立法机构之活动而产生，除此以外无任何正当法源之思想普遍控制了法曹，其结果便是催生了对习惯法之根据的质疑。

然而，自然法学说之发展反而促使习惯法论发生。自中世纪以来，自然法学者或于理性（intellectus）中，或在意识（voluntas）上追求法之基础，又或在两学说中折中，认为法之基础源自理性的意识，或者产生于与理性相协调的自由意识。学者们皆承认法之二重存在，意图令作为现存法之国法与作为理想法之自然法一致，因此，势必依托立法机构之作用、以成文法修改既存法，进而主张成文法之概括性，立法者之自由意识乃法律发生之唯一原力，“法律发生之其他原因悉数是对立法权之全能性的篡夺”。（Unger, System des oesterr. allg. Privatrechts. Bd. I. § 5; Savigny, System. I. § 23.）十八世纪中叶至十九世纪初期，成文法全能说备受学者与政治家欢迎，应将全部国法编纂为成文法之论述越发得势。1794年的《普鲁士普通邦法》（Allgemeines Landrecht fuer die Preussischen Staaten）否认未来习惯法之存在，既存的习惯法无论是普通习惯还是地方习惯，应悉数编入成文法典中。（Einleit. 1.3.4.60.）近世民法之先驱者《拿破仑法典》打破了当时存在于法国的无数地方惯例，以实现法律统一（参考拙著《法典论》第二编第三章），因此全面封堵习惯之法源。（Loi de 21 Mars. 1804; Code de procédure-civile, art. 1041.）1786年的奥地利《约瑟夫法典》亦顺从于当时流行学说，禁止“违反成文法之习惯”（consuetudo contra jus）以及“成文法以外之习惯”（consuetudo praeter jus）存在，并且对承认新习惯法之行为进行惩罚。（Das Josephinische Gesetzbuch. I. §§9. 10.25.）1811年的民法亦在第十条规定，除非在成文法中明示，否则不承认习惯之效力。然而，所谓明示，在民法中一条也无，因此在奥地利的普通私法中，习惯之法源可谓全面枯竭。（Unger, System des oesterr. allg. Privatrechts. I. §5.）1797年制定的《西嘎利茨恩民法典》亦禁止人们承认习惯法之存在，仅允许习惯作为成文法之惯例解释（usual interpretation）被引用。（Das Westgalische Gesetzbuch. §22.）1809年制定的《巴登国法》亦规定，人们只能将习惯作为推测立法者或契约者之意志的材料进行引用。（Badisches Landrecht. Satz. 6.d.）

成文法与不成文法的相对地位随着文化发展而变动。第一期，习惯法乃唯一之法；第二期，习惯法乃常态法，成文法则为异态法；第三期，成文法跃升为常态法，习惯法则沦为异态法；第四期，成文法最终成为唯一之法。成文法与不成文法之关系经历上述四种变迁，成文法随文化发展而进化，习惯法则随之衰退。对习惯法而言，十九世纪初期是危急存亡之秋，当时自然法学说到达全盛巅峰，成文法全能主义在各国立法中得到实现，习惯法几乎绝迹。就在此时，德国历史法学派逆流而上，认为习惯法乃民族意识之真实写照，是法律最纯然之面貌，承认习惯法存在至强之效力，主张习惯法是常态法，成文法才是异态法。正如正负均等之物理学原理所示，当时自然法学者推崇成文法、排斥习惯法，几乎全面否认其法性，此为正向力，倘若有人意欲振兴习惯法、压制成文法，颠倒两者地位，则需聚集极其强大之反向力。因此，德国历史学法派之勃兴掀起习惯法论之热潮。

总而言之，在习惯法统治时代，习惯享有法性一事，人人皆以为然，无人胆敢质疑，因此当时并未兴起习惯法论。然而，当习惯法成为异态法之后，便出现了习惯法论，习惯法式微之际，正是习惯法论鼎盛之时。习惯法论为习惯法奔走疾呼，习惯法越是陷入危难境地，习惯法论之疾呼越是声势壮大。

第三节　习惯之享有法性

习惯之所以具有令人遵而守之的效力，皆来源于精神习性，该精神习性起因于对习惯实质价值之认知。但同时又因伴随着违反习惯之制裁，所以习惯具有社会规范之强制力。所谓习惯之制裁，是违反习惯而产生的痛感或痛感之原因，可分为内在制裁与外在制裁两类。所谓内在制裁，是由于违反习惯而感觉不安、不快、痛苦的精神作用，或是虽然觉察到习惯之悖理、不利、不便之处，明知其无意义，却在违反习惯时因有违自己多年之习性，反而隐隐不安。所谓外在制裁，是违反者之行为引起同习惯行为者之反感，导致违反者产生痛感之原因，或因违反者之异样行为招致他人诧异、嘲笑，或因蔑视众人之行为引发他人厌恶之感，遭受非议、冷遇、排斥、绝交、迫害等。

内在制裁仅是自己个人的精神状态，而外在制裁则是同习惯行为者多数人之精神状态下的产物，因此，外在制裁的主体是同习惯行为者及其相同范围之人。一个种族、一个民族、一个地区、一国国民的习惯制裁者，即该种族、该民族、该地区、该国民。然而，众人行使之制裁，其实施方法并无确切形式，或实施程度缺乏明确标准，因此，其制裁效力并非不强大，而是难免含糊不明、难以预测。然而，当该习惯行为者形成一个多少具有组织性质的团体时，对违反习惯之人的制裁，通常不仅仅是来自该习惯行为者，还由该团体机构来执行，例如族长、僧侣、长老会等对习惯违反者加以责罚。

一旦制裁机构固定，制裁之形式及其程度亦逐渐稳定，制裁由不定状态转变为确定状态，由习惯行为者的共同相互制裁转变为依靠团体机构公权力的制裁。而且，在全体国民或部分国民皆遵守的习惯中，国家认为维持该习惯有益或违反该习惯有害时，则通过国家机构承认遵守习惯之行为的效力，否认违反习惯之行为的效力甚至加以责罚。如此一来，因习惯而固定之行为的形式由社会规范转变为国家规范，习惯开始享有法性。因此，习惯的享有法性来自公权力的叠加，法习惯有别于一般习惯之处，在于其制裁主体乃国家公权力。

习惯的享有法性基于社会力行使状态之变化。原始社会尚未具备行使社会力之机构，因此社会力之作用主要依靠社会成员普遍认可或否认而得以确定，多数人认可某行为，则人人皆做相同行为，若反之多数人否认，则人人亦不做异样行为。而众人行为的一致范围及其程度甚不明确之情况并不少见，众人褒贬范围及其程度亦如此。随着社会体制日趋完备，社会力之行使者逐渐形成机构作用，占卜者、药师、僧侣、祭司、长老、族长等人于各个方面行使社会力。故习惯亦如此，因习惯种类不同，由上述之人分而记之，或进行确认，或对违反者施加制裁。随着社会的政治组织发展、国家体制完备，行政官厅与司法法院等政治社会力，即公权力机构亦初具规模，行政厅于某范围及程度上承认某习惯，法院于某范围及程度上施加制裁，恰如蒸汽、电力依靠蒸汽机器与电力机器才能做功，习惯这类纯然之社会力亦要依靠国家机构才能改变其势力状态，开始公权力化，进而享有法性。故习惯是不依附于任何机构之社会力的体现，而习惯法则是依靠国家机构之社会力的体现。

因各个社会情况各异，习惯的享有法性之范围大小亦有别，公权力化的习惯素来依公权力者的自由裁量而定，因此展现正确标准甚为困难，然而即便公权力者的自由裁量，也并非全无标准、随意为之，细心观察也未必不可获知其概则。习惯本是针对生活需要、认识其适应价值的产物，因此存在基于同行为者之褒贬见解的固有制裁。随着公权力发展，一国之习惯中，违反习惯之行为会危害当时社会之存在、扰乱和平、有伤国体、冒犯君权，甚至不利于宗教、道义或经济观念，因此仅依靠习惯固有制裁已远远不够，从维持国家安宁秩序之必要性出发，或是消极地对违反者施加公权力制裁进行威吓，或是积极地公认遵守者之行为，并附加一定效果以加倍确保该行为之实行。简言之，公权力者主观认为某些习惯与国家存在要件相关，这些习惯便基本享有法性，某些习惯与国家发展要件相关，这些习惯极为重要，若缺少公权保护便难以确保其行为之实行，于是随着公权力发展，其逐渐享有法性。

梅因于《村落专论》一书中论述过印度习惯法，以此来展示习惯法化之过程颇为恰当。据他所说，在过去数百年间，习惯法是印度村落唯一的法律，分析派法理学者列举为法律成分的主权、命令、权利、义务、制裁等观念，在此习惯法中一概皆无，村落长老遇事仅仅依据记忆中的古例旧习进行宣说，并不依靠命令，理由非常充分，仅仅因为该习惯古老，人人应当遵守，并非由于其源自政治或宗教权力才必须服从。而且，即便违反习惯导致损害产生，当地将其视为扰乱全村秩序，而非侵害了被害者之权利，违反者也不会被特别制裁，仅在其小社会群体中被排斥而已。因此，依据边沁及奥斯丁主义，必然得称印度习惯法为德教。梅因认为此乃形式上几乎无须辩驳之词汇乱用。（Maine, Village Communities. Lect. III.）在印度受英国法影响一事上，梅因认为，由于英国在各行政区设立法院，印度的习惯性质为之一变，以往村落长老作为习惯法之保存者，对外宣读习惯内容，长老会实质是半司法半立法，其权力随后便转移至法院，在习惯相关事件上，法院征求长老之证言做出判决。因此，一方面，以往仅凭记忆保存之习惯开始通过记录得以保存，最终失去其“弹性”。以往为适应新时态将长老自认为妥当之处称为旧习的过渡做法不复存在。另一方面，作为国家机构的法院开始通过判决及执行强制要求人们服从习惯，从此主权、命令、制裁等观念加入习惯法中。

梅因认为，印度设立英国法院之前，主权、制裁等观念尚未明确，人们将习惯视为真正习惯法；设立英国法院后，习惯法之固有性质改变，惯例一旦被记录，立即变为成文固定法，此后，便不再被作为习惯被服从，而是被视为英国法院执行之法被奉行，因此事实上习惯已经变成主权者之命令。（Maine, Village Communities. p.72.）梅因认为，不把从前的习惯视为法律是显而易见的误谬，但是，吾观之，将设立法院之前的习惯视为习惯法才是误谬，梅因所言之变化，非常明确地显示出纯然之习惯最初享有法性、变身为习惯法之时期。村落团体在各个方面都显示出国家生活的初期现象，如习惯，尚未分化成伦理与法律两部分，仅仅是因为尚古习性及众人的摒弃即人们对社会制裁之恐惧这两种势力，习惯便得以执行，所以无法说其已经享有法性。然而，据梅因所言，“民事争论由各个村落团体长老裁决，有时土地相关事件由君主的收税官吏裁决，而且刑事相关的重大治安侵害则由兵权加以干涉，当时所谓的刑法依靠军人的兵器来执行”。(ditto p.71.) 村落长老会实质上一半算立法会，一半算司法会，以此观之，可知当时对于一部分习惯已然存在针对其违反行动的公权力制裁的端绪。由于设立法院，村落长老会之权力随之转移，便显示出势力更迭之过渡期，于是习惯开始享有法性。

习惯之法化是由于习惯固有的统制力发生公权力变化。习惯原本始于人们认识到一定行为形式的适应价值，久而久之，习惯成立存在的理由早已消失，但由于思想惰性，仅习惯乃古例一事便是服从的充分理由，人们不再寻求其他理由。习惯之所以约束人们的行为正因为它是习惯。当习惯仅凭其固有之力运作时，纵使该习惯与法律事项相关，纵使其效力比法律更强势，也无法说该习惯具有法效。然而，一旦公权力叠加于习惯之上，国家机关的制裁便会施加于该习惯行为者身上，此刻开始，方可称其为具有法效之习惯。

以上论述，吾将示例稍加详述。巴西的图皮族相信，当族中有人违背祖先遗例时，全族将遭受灭顶之灾。(Southey, History of Brazil. I. p.250.) 马达加斯加的马拉加什人相信，违背旧习必招灾厄。(Ellis, History of Madagascar. I. p.146.) 由此可见，违反习惯，除了会招致该习惯行为者之反感，还会遭受神明惩罚，该情况在未开化的民族当中并非罕见。所以，在尚未形成国家组织的民族中，习惯之效力极其强大，甚至不弱于法律。而且，此类民族通过繁衍、合并、征服等方式形成国家体制时，自古拥有半宗教半私罚制裁性质的习惯分化为两类，一类是国家制裁叠加其上，另一类是仍旧依赖固有之社会、宗教制裁。

习惯享有法性之方法可分为一般享有与特别享有两种。所谓一般享有，即源自国权之一般行使，公权力整体叠加于某种习惯之上。所谓特别享有，即源自国权之个别行使，公权力叠加于特定习惯之上。

（一）一般法性享有

一般法性享有亦可再细分为明示享有法性与暗示享有法性两种。

所谓明示享有法性，即依靠法令之明文规定，某种习惯整体享有法性。例如，日本法例第二条规定："不违背公共秩序与良俗、依法令规定获得承认之习惯，以及法令中未规定事项相关之习惯，享有与法律相同之效力。"只要习惯满足以上条件，即便法律事项相关之习惯尚未产生争议、尚未经历判决或处置，在该法令实施瞬间，该习惯便享有法性。

所谓暗示享有法性，即明确地从国权行使之常态抽象得出，或类推出某种习惯普遍享有法性。例如，行政机构普遍承认具备一定要件之习惯，并据此实施处置，因此，当其他习惯与上述习惯具备相同要件时，均具有公权力，享有法性。国家以此类方式整体地、间接地承认习惯之法效，始发于每个具体的国权行使，发展至依据大量处置、审判等结果自动行使国权，再从中进行抽象、类推。因此，严格来说，此种享有法性之方法，实则是特别享有之结果。

（二）特别法性享有

习惯的特别法性享有，即由于国权的行使作用、单一习惯逐个享有法性。例如，通过特别法令规定某地的山林相关习惯具备法律效力，行政机构承认某村的水利相关习惯，并据此实施处置，法院遵照某一商贸习惯判定某一交易在法律上有效，等等。无论是立法、行政还是司法领域的国权行使，均令某一具体习惯产生法效。这便是习惯法之起源，单一、具体的国权行使作用成为后发事件的范例，或通过大量先例的汇集抽象得出结果，或从先例类推出结果，进而产生规范。

从习惯法产生顺序而言，特别法性享有先于一般法性享有。依据法令普遍赋予习惯法效是较为近代才发生，该现象是在国家文化发展、成文法被视为国法之常态后方才显现。从国权行使的常态抽象得出习惯的法效，乃基于各个不同的国权行使、从特别法性享有中综合或类推得出，因此，特别享有可谓一般暗示享有之基础。

吾论述法之原形时曾说，原始社会有法而无规，君意即法（参看《法律进化论》第一册第一篇第三章第四节）。君意虽是思想上的精神作用，然而君意一旦被行使、成为判决、处置时，便是客观世界之现象，他人可识别之，自己可记忆之。因此，每当类似案件发生时，君主不必费心重新思虑，可轻松依前例裁决，此乃自然趋势。王位继承者以及听从君意之机关虽然难以推测尚未表露的君意，却可从已表露的君意进行推测，事件相似，君意亦相似，即便百姓也会依此类推，此亦为自然趋势。此时，先例是后发事件之范例，类似事例积少成多，便产生法习惯，初期需要结合具体事件记忆的判决、处置到后期则逐渐抽象化，最终产生法律规范。

大部分学者将习惯特别享有法性的原因归结为国权在司法层面上的行使。梅因更进一步断言，习惯来自审判。他认为，法之第一原形乃忒弥斯的神谕审判，在组织简单的古代社会，争讼案件并不甚多，前后发生之案件多类似，因此判决亦相类似，此类似现象便是习惯之萌芽。梅因据此得出结论，先有审判、后有习惯，并发表以下观点：

> 我们由近世事态联想之，便本能地主张习惯之观念先于审判之观念存世，审判或维持习惯，或惩罚违反者，然而，无论该思想如何强大，历史上此二者观念之存在顺序正是我

上文所叙述之事实，毋庸置疑。（Maine, Ancient Law. ch. I.）

虽然十九世纪的历史法学泰斗斩钉截铁地断言先有审判、后有习惯，然而历史事实则与他深信不疑的观点相反，先有习惯、后有审判。在原始社会，宗教、道德、法律尚未分化，大部分以习惯的形态显现。而且习惯之势力极其强大，不仅支配着民众日常行为，甚至连神明亦难逃习惯之束缚。（Pollock's note to Maine's Ancient Law. p.21.）酋长不仅身处习惯势力范围之内，甚至屡屡以习惯维持者自居，守护着祖上代代相传之习惯。因此，当首领进行审判时，表面上似乎不存在任何约束其自由裁决之事。然而，前例、旧俗等强大势力却暗流涌动，即便专横的暴君，亦得屈服于此“万物之王”（Custom is the King over all. Herodotus. III. 38）的权威。首领审判时，无论是自称宣示神意，还是自由判决，其审判准则其实正是习惯，所以便毫无疑问地将合乎习惯之行为视为正确、将违背习惯之行为视为错误。由此可见，审判之依据乃习惯，所以先有习惯，后有审判。

梅因出版《古代法》之后，历经十年写出《东西方村落共同体》（Village Communities in the East and West. 1871），在此书中，他暗自更正了《古代法》第一章中所写的审判先存说。他在书中不仅记载了印度在设置法院之前，民众普遍受习惯支配一事，还认为该非司法制裁之习惯亦是法律，由此可见，他亦主张先有习惯，后有审判。（Vide Maine's Ancient Law. 5th ed. Preface.）数年后，梅因在《古代法制史》（Early History of Institutions. 1874）中稍微明确地承认先期观点之失误。

> 被称为"Themistes"或"dooms"的首领判决实则多基于先存之习惯，然而人们相信此乃上天对首领之赐示。（Sect. II.）

其后十年，梅因在《早期法律与习俗》（Early Law and Custom. 1883）中更进一步明确推翻早先观点。

> 此类判决即"Themistes"（与条顿语中"dooms"同义）毫无疑问是以先存之习惯或惯例为依据。然而其概念乃君王自发所作，或依宗教而作。（Ch. VI.）

吾此处引用梅因书中三处文字，将后两处引用文字与前一处引用对比可知二十年间梅因思想之变化。

总之，梅因之误谬在于未能明确区分寻常习惯与法习惯。审判并不会产生习惯，而是依习惯而进行。审判产生寻常习惯乃误谬，应是审判产生法习惯。寻常习惯之统制力由于审判而公权力化。波斯特（Post）在其著作《非洲法论》中记载，判例法（Prajudizienrecht）乃初期之习惯法，居住在巴利亚、库那玛、几内亚海岸的阿库拉族世世代代将判决先例以口相传，据此进行审判。（Post, Afrikanische Jurisprudenz. §3.）此外，《一般法学基础》（Bausteine f. eine allgemeine Rechtswissenschaft. §16）以及《民族法学》（Ethnologische Jurisprudentz. I. §4）谈及审判产生法习惯，此乃展示该过程最恰当事例。（Munzinger, Sitten u. Recht der Bogos. S.25.）

寻常习惯之效力由于审判而公权力化，进而享有法性之过程，可概括为从具象享有进化至抽象享有。国家初期有法权但尚未有法规，君主与其他统治机构遇事便临时适当做出处置，故针对每一事件之命令、指令、判决等实际等同于具象立法。何况在简单社会中发生之事件大体相似，依前例之记忆处置后发之事，从先祖至子孙，口口相传，经年累月，众多类似事件汇集，于是人们综合众多命令、指令、判决，或从中类推，最终此类处置之根据便从事件中抽象得出主义或理由，成为法律规范。如此看来，习惯之法化始于特别具象法性享有，终于一般抽象法性享有。

关于判例法（Case Law, Prajudizienrecht）与习惯法之间的关系，需要注意两点：一是判例法比纯然之习惯法范围更广；二是判例法比纯然之习惯法范围更小。

关于第一点，不少学者往往认为判例法与习惯法乃同一范畴，此乃不明了寻常习惯与法习惯之间的区别而造成的误谬。如上所述，事件发生时，若有习惯，则依据此习惯进行审判，若无习惯，则由首领随意审判，或是依照宗教信仰，判决敬重神明者为正、亵渎神明者为误，或是依照道德观念，判决正义者为正、非正义者为误。其余还有基于经济利害得失，甚至基于君主之好恶进行判决之例，亦不罕见。判决可分为两类，一类基于习惯，另一类基于宗教、道德等其他理由。在原始社会，虽然前者占绝大部分，但判例并非仅基于习惯。即便非基于习惯之判决，先例是后发类似事件之范例，其实与基于习惯之判决并无差异，因此等同于依据先例产生法习惯。故法习惯并不仅仅是民众习惯公权力化之产物，可泛指由国权寻常行使之产物。

关于第二点，学者往往将习惯享有法性归因于司法承认，习惯法即判例法。波斯特认为“法规皆出自判决之先例”，“由审判实例产生之法习惯乃法律发展之整体基础”。（Post, Bausteine für eine allgemeine Rechtswissenschaft. §16.）然而，国权之司法行使并非法规产生的唯一原因。习惯享有法性亦非仅仅由于司法审判，其中不少是由于行政处置。尤其在原始国家，行政与司法之分界尚未分明，法院主要处理刑事案件，民事相关问题多依据行政机构之裁决而定，因此，与依司法判例而定的判决相比，民事惯例更多的是依行政处置判例而定。日本在制定民法之前，所有权的界限、地役权、入会权等与亲属相关、继承顺序等诸多法律相关规范之确定，都依据行政指令，依据判例者反而仅占一小部分，这便是一恰当例子（参考《法规大全》《法例集纂》等）。与审判一样，承认并依据故例、习惯进行的此类行政处置数量颇多，不过基于公平、公益等其他理由，基于行政官之自由裁决亦不少。因此，法习惯源自司法判例与行政处置案例，将其仅归因于判例法乃失之偏狭。

依上述所言，法习惯分为司法法习惯与行政法习惯两类，同时，法习惯还可区分为基于习惯之法习惯与基于自由裁决之法习惯两类。可恰如其分地称之为习惯法者，应当仅限制于基于习惯之法习惯，可成为民众行为规范，无论其享有法性是在司法层面还是在行政层面。

判例法中，一部分基于习惯，另一部分基于其他观念，两者区别可从英国法之发展中明确看出。众人皆知，在历史上，英国法分为“普通法”（Common law）与“公平法”（Equity）。普通法来自基于习惯或自称基于习惯之判例（Blackstone, Commentaries. I.67），公平法来自基于公平（Equity）观念之判例。在英国，从被称为法基础确定时代之亨利二世至爱德华一世，法官拥有至高权力，可自由行使其权力，决定何种习惯可被承认为“王国之习惯”（Custom of the Realm），并赋予该习惯法效。例如，十二世纪初期，长子继承实产（real property）

乃军事领地相关惯例，虽然习惯上军事领地以外土地往往由长子继承，但当时“平均继承”乃一般法，“长子继承”不过是例外法。至十三世纪末期，长子继承成为实产继承之一般法，因为法官承认长子继承为“王国之习惯”，赋予其一般法效。（Pollock, First Book of Jurisprudence. p.241.）此后，当普通法法院之审判无成文法可依时，便依据习惯法，因此狭义之普通法（Common law）具有习惯法之意义。然而，时势之进展催生各种新事态，而且无相关习惯以及可依据之成文法时，民众便无法诉讼至普通法法院，于是民众便溯源至“正义之源泉”（The King is the fountain of justice），转向国王诉愿。此时，国王成为国玺掌官（Keeper of the Great Seal），下令被誉为“国王良心守护者”（Keeper of the King's Conscience）的御前大臣（Chancellor）进行审判，做出公平可信之处置。随着世态变迁，既不属于习惯法范围，亦不属于普通法法院管辖范围之事件越来越多地被申诉至国王处，于是，御前大臣之审判权逐渐扩大，最终产生御前大臣法庭，与普通法法庭并立，并且前者之权力竟凌驾于后者之上。因为御前大臣法庭乃顺应新事态之需求而生，其审判并非依据习惯，而是基于正义公平等观点，因此该法庭亦被称为“衡平法院”（The Court of Equity），依其判例而形成之法被称为“衡平法”（Equity）。（Blackstone, Commentaries. III. ch. IV.）当御前大臣审判时，会暗中从寺院法、罗马法、自然法论中获取判决所需资料，但公开其审判基础时却表示基于“公平”这一伦理基础。（Maine, Ancient Law. ch. III.）因此，在英国法律史上，普通法法院的判例法基于习惯，而衡平法院的判例法基于伦理观念，虽然都为法习惯，却必须承认两者截然不同。

上文已经详述，习惯之法化乃单纯的社会力之公权力化。而且，习惯之法化的效果仅仅是基于同一习惯行为之形式的社会规范变成公权规范而已，并非明确显示此社会力转变之本质。在习惯尚未公权力化之过去，所谓的民众行为规范，产生于众人长期的相同行为。然而，一旦寻常习惯公权力化成为法习惯，其规范之基础遂发生骤变，民众行为规范便不再是来自众人的相同行为，而是国家机构的相同行为。在寻常习惯时代，民众所感知的精神强制力是：众人常做某种行为，故我亦不例外。至法习惯时代，精神强制力则是：公权机关常起某种作用，故我必须做某种行为。因此，无论在习惯法化之前还是之后，赋予个人行为标准之形式乃众人之同一行为，但产生作为规范的精神强制力的直接原因是法化而产生的转变。

第五章

习惯享有法性之相关学说

第一节　神授说

所谓神授说，即将习惯法之基础归结为神意，或是认为习惯法之成立来源于神谕，或是认为来源于神之创造计划。法由神授之信念往往存在于原始社会，由此可知，当时社会存在如下思想：习惯法之所以具有约束力，亦因为神授。

梅因似乎将法之起源归结为神授习惯法，他于《古代法》第一章中就法之起源有如下叙述：

> 法之最初观念，表现为荷马史诗之《伊利亚特》（Illiad）中的“忒弥斯”（Themis）与“忒弥斯第”（Themistes）。在人类幼稚时期，人们想象所有自然现象与人事现象皆由具备人格之神操纵，刮风下雨、日升日落、五谷成熟，皆为神

作。在人事上，国王受理百姓诉讼、做出判决时，亦是直接感受神意之结果。赐示神谕审判之神灵，正是忒弥斯，即后世所说之“正义女神”。而且，“忒弥斯”（Themis）之复数形式“忒弥斯第”（Themistes）或“忒弥塞斯”（Themises）可表达依忒弥斯之告谕所做的神谕审判之意。此类神谕审判是针对每个单一事件，并无贯彻某种主义，然而在古代组织结构简单的社会中，所谓争讼也非后世这般多样，于是便产生一个自然结果，即前后判决皆相似。此乃习惯之开端。人们由近代情况联想之，便先入为主地相信习惯之观念先于审判之观念，审判认可习惯，惩罚习惯违反者。然而，历史上二者发生之顺序如我上文所叙。荷马史诗中出现习惯观念之萌芽，偶尔会表现为单词“忒弥斯第”（Themistes）之单数形式“忒弥斯”（Themis），意为神谕审判，但大多以“狄刻”（Dike）一词出现，该词同时具有“判决”与“习惯”之义。此外，“诺莫斯”（Nomos）意为“法律”及“规范”，是希腊政治用语上最明显之词，然而荷马史诗中并未出现该词。（Maine, Ancient Law. ch. I.）

关于梅因认为审判先于习惯存在之学说是否正确，吾试做如下之评价。从克拉克之著作中可知，在希腊，习惯被视为神授，据他所说，“忒弥斯”（θεμις）一词与意为“神”之词语“θεός”

属同一词源，皆来自具有“放置”“命令”等意的词根“θε”，此处被用来表示“天命”，由于天命即正确，因此具有正确之意。此外，又从“民众应做之事”之意衍生出“习惯”之意，最终意指“上天允许之正当习惯”。而且，“狄刻”（δίκη）来自意为“展示”之词根“Δίκ”，具有“审判”“正义”“习惯”之意，因此表示“宣示天命”。（Clark, Practical Jurisprudence. ch. IV.）

众所周知，古希腊的斯巴达乃“习惯法之国”，习惯法拥有半神起源，自古以来便因袭不断，人们坚信其利国利民，并无将国法变成成文法之需要。

至近世，施特勒主张神授说。他认为，权利意识（Rechtsbewusstsein）乃内在因素，而现实中之惯行则为外在因素，两者具备习惯法方才成立。施特勒之主张与之后的折中派颇为类似，但他仅就习惯法成立之近因发表上述见解。此外，在习惯法之基础上，他的主张是：

> 进一步思之，法之起源及约束力来自作为一切道义之绝对原因的神，约束人之意思，除此之外再无他物。

施特勒还认为，创造法律并赋予法律尊严者，乃神制定世界秩序之力。

令习惯产生约束力者，亦无他物。毕竟令人类产生必要感（opinio necessitatis）、规范其行为者，正是神制定世界秩序之力。

习惯法约束力之真正基础，乃神力。神力以习惯规范人类行为。故令习惯神圣等同于崇敬神，而非尊重民意。（Stahle, Die Philosophie des Rechts. II. 241.）

然而，布伦斯（Bruns）评价道：

施特勒之主张已经超越普赫塔与萨维尼开创之习惯法崇拜，登峰造极。国民是人，非神也，国民之生活，虽是法律生活，亦为个人生活，往往有败坏之时。因此，引导国民形成习惯者，并不仅仅是神意或道德精神。仅将道义习惯归功于神，而将不良习惯悉数归责于个人，乃全然之任意独断。（Holzendorffs Encycl. S. 399; Das heutige roemische Recht.）

此外，斯图姆更进一步刨根问底，假设神意促使习惯生成，那么异教徒审问所、巫术审问等陋习亦归结为神意，岂非渎神？（Sturm, Recht und Rechtsquellen.S.66.）

认为习惯法乃神授者，是信念论，并非知识论，因此不仅不属于科学范围，亦无法获得区别习惯与习惯法之标准。

第二节　惯行说

近年来，有学者痛斥萨维尼—普赫塔的唯心一元论，提倡唯物一元论，认为习惯法之起源仅来自外部因素，因人类固执与尚古之习气、惯行导致精神强制力产生，遂成为习惯法。人们称此学说为惯行说（Uebungstheorie）。

德国历史法学派的习惯法论始于萨维尼—普赫塔的唯心一元论，此后逐渐转变为凡格罗夫（Vangerow）、贝泽勒（Beseler）等人的二元论。此二元论认为法信与惯行相辅相成产生了习惯法，惯行并非习惯法之发生形式（Entstehungsform），亦非认知标识（Erkenntnissmittel），而是习惯法之发生要件。因此与历史法学派初期相比，新历史法学派之蓬勃兴起使得惯行之地位得到极大提升。

况且在法信、惯行两者关系中，旧历史法学派认为法信乃惯行产生之原因，然而新历史法学派则认为惯行有时可成为法信产生之原因（Beseler, Volksrecht. S.76–78; Deutsches Privatrecht. 3 Aufl. §§16, 33; Sintenis, I. §2; Stobbe, I. Aufl. S.131; Wächter, Pandekten. I. S.107），或者惯行必然导致法信产生

（Kierulf. §2.）。总之，新历史法学派之观点与旧历史法学派针锋相对，极其重视惯行，因此基鲁尔夫、贝泽勒等人堪称惯行单元说之先驱。而且，齐特尔曼（Zitelmann, Archiv f. Civi. Praxis, B.66）、赫尔德（Hölder. Archiv f. Civi. Praxis B.27）、德恩堡（Dernburg, Pandekten. §26–27）等人排斥法信说，主张惯行乃习惯法之唯一发生原因，全体或部分国民长期延续同一行为，且其行为与法律相关时，依惯行所表达之行为规范即习惯法。换言之，上述学者认为习惯并非习惯法之认知标识，而是习惯法之发生原因，并非因为习惯来源于法信而具有法力，亦非因为习惯导致法信诞生进而产生法力。习惯正因为是习惯，才产生法力。而且，正如教会法学者所说，惯行具备法力期间，并无如同时效这类固定标准，而是逐个依法官裁决而定。（Dernburg, Pandekten, I. §27.）

布拉克斯东采纳惯行说，其依据可从下文中获知：

> 不成文法（leges non scriptae）乃历史悠久、超越记忆之惯行（long and immemorial usage）以及全国范围因普遍遵守而具有法律约束力之规则。（Blackstone, Commentaries. I. p.63.）
>
> 普通法之原则法权基于普遍采用与惯用。故证明某某原则乃普通法规则之唯一方法，便是展示其作为习惯被普

遍遵守之事实。（ibid. I. p.68.）

而且布拉克斯东认为，习惯要享有法效，“人之记忆必须长到不会自相矛盾”（“The memory of man runneth not to the contrary”）。（ibid. I. p.76.）

布拉克斯东主张习惯之法性先存于判决，判决只不过是认识习惯法之证据而已。他认为一般习惯（General customs）即严格意义上之普通法（The common law）。

若要问如何获知此一般习惯即公则、何人决定其效力，答案则是“各法院之法官”。法官乃法之仓库，解决所有疑案之活生生的神谕者。他们负有宣誓并依据国法进行审判之义务。（ibid. Introd. Sect. II.）

此等审判便是证明一般习惯构成部分普通法之最主要且最权威之证据。

由此可见，在英国法中，习惯法先存于审判，判决只不过是证明其存在之证据。

波洛克在其著作中引用戴维斯爵士（Sir John Davis）的话语来阐述何为英国普通法之正确说明。

依据法律用例，所谓习惯，乃享有法律效力之习俗，针对该习俗相关之特殊人、物、地点所实施之强制法规。此类习惯并非因国王许可而产生，亦非依议会法令而诞生。习惯乃不成文法（jus non scriptum），由盛行该习惯之地区的民众所独力创造。当民众认定某行为良善有益，且符合人之性情，便屡屡践行，遂成习惯。而且，若该习惯自远古已开始践行，其自身便具有法之效力。（Pollock, A First Book of Jurisprudence. II. ch. 4.）

根据上述言论，十八世纪前英国流行惯行说，否认承认说。此惯行说展示了英国古代思想，萨尔门德曾说："根据古典理论，一切普通法可视为基于超出记忆范围之旧习的产物，因此，'王国之法'（The law of the realm）与'王国之习惯'（The custom of the realm）乃同一意义。"（Salmond, The First Principles of Jurisprudence. p.241.; Jurisprudence, p.135.）假如正如吾所坚信，学说乃时空之产物，会受外境所影响，动植物亦包含在内，那么，信奉心理哲学的德国盛行法信说，而信奉保守物质主义的英国盛行惯行说，便不足为奇。

毋庸置疑，习惯依靠精神惰性对人类行为产生强制力，然而，并非所有具备强制力之习惯皆为法律。众人所欲知者，乃具备强制力之种种习惯中，何种习惯可享有法性，其强制力如何转变为法效？众人之疑问，在于如何区别法习惯与寻常习惯。惯行论者仅仅摆出历史事实（Dernburg, Pandekten. I. §26），认为永续之惯行产生希望或精神强制力，却不足以说明习惯享有法性之理由，因此不可能展示识别寻常习惯与法习惯之标准。试问惯行论者，彩礼、旅馆之赏钱、中元节之赠礼、讨账等行为是否为法习惯，或许有人会勇于辩论，却难以说明其理由。仅以惯行作为习惯法之基础，认为“习惯法来源于惯行”，等同于认为习惯乃习惯法，此乃毫无论证之赘言。

惯行说以享有法性之实物作为享有法性之原因。既然习惯乃法之材料，便直接称其为产生法效之原力。民众因袭习惯已久，视其良善、合理、便利，倘若不遵从，则产生诸多不便，于是自己亦从之。感知上述强制力后，遂生出对他人亦需遵从之期许，于是国家开始以公权力保护习惯。至此，习惯法方才诞生，其法效不是来自习惯内部，而是来自习惯外部。总之，习惯乃萨尔门德所言之“物质法源”（Material source of law），并非“形式法源”（Formal source of law）。（Vide Salmond’s Jurisprudence. §31.）

第三节　时效说

将习惯之享有法性归因为时效之完成，便是时效说。罗马法典认为不成文法来自“长期习惯”（longa consuetudo）或“旧有习惯”（consuetudo inveterata），而“长期”“旧有”等词并非显示早已确定之期限，因此无法由此获知习惯享有法性之时期。中世纪的罗马法注释法学派（Glossatores）早已产生此问题，学者往往引用罗马法中时效之相关规定，意欲确定习惯之法化期。注释法学派推崇《查士丁尼法典》之余，认为《罗马民法大全》（Corpus juris civilis）之法规几乎遵循自然之道，可通过比较、援引来解决各种问题，其中最知名之例，便是依据罗马法之时效（praescriptio）来说明习惯之享有法性。注释法学派核心人物之一普拉森提努斯（Placentinus）主张惯行初期必然为超越记忆之存在，却遭到约翰尼斯·巴塞努斯（Johannes Bassianus）反驳，巴塞努斯认为，罗马法之时效期限中所谓“长期”（longum tempus）者，对临近者（inter praesentes）而言为十年，对非临近者（inter absentes）而言为二十年，故“长期习惯”（longa consuetudo）十年足矣。此后，注释法学派及后注释法学派学者皆采纳该学说。然而，将时效套用于习惯法化之上，人们便质疑，在非临近者之二十年有效期限内，习惯法是否适用。注释法学派巴托鲁斯（Bartolus）认为“民众多为临近者”，后注释法学派奥多弗雷德（Odofredus）认为“民众中临近者多于非临近者”，主张习惯法不适用于二十年有效期限，此后普遍将十年定为习惯法之成立期限。（Vide Puchta, Gewohnheitsrecht. II.

S.95–98; Brie, Die Lehre vom Gewohnheitsrecht. S.143.）

注释法学派将习惯法化之原因归结为时效，然而，就是否仅限于援引有效期限一事，学者间仍存有疑虑。注释法学派巨擘阿库修斯（Accursius）使用“时效完成之习惯”（consuetudo praescripta）一词，他将“时效完成”（praescribere）一词用于习惯享有法性上，至少可由此明确得知，注释法学派中有学者认为习惯因时效而产生法效。

即便教会法（jus canonici）亦同样将习惯享有法性归结为时效。教皇格列高利九世（Gregorius IX）于1229年颁布教令（decretal），其中明确规定，习惯若非合法且完成时效者，不具备法律效力（“nici–legitime sit praescripta”）。教皇卜尼法斯八世（Bonifacius VIII）于1297年颁布的教令中规定，习惯必须依教会法完成时效（“canonice praescripta”）方可得到承认。（Vide Puchte, Gewohnheitsrecht. II. S.98; Brie, Die Lehre vom Gewohnheitsrecht. s.83.）当时，教会权力之时效完成期间是四十年，因此教会法中习惯法之成立也需要四十年。后世教会法学者中有人认为，在教会法中，所谓习惯法因时效完成而产生，只不过就时间长度参考一些类似事例而已，并非将习惯之享有法性归结于时效。学者们在习惯法与时效两者关系中，见解并非一致。然而，四十年的时效期间仅对于违反教会法之习惯（consuetudo contra legem）有其必要性，若习惯并无违反教会法，通常的时效期间足矣。

由于中世纪教会法学家（canonist）与罗马法学家皆主张时效说，以至于时效说至近代已经完全失势之后，仍在各国法制中残留痕迹，即明确以法规制定习惯开始享有法性之期间。撒克逊人的普通法规定三十一年六周三日后习惯法成立，巴伐利亚的国法明确规定，新习惯法必须经过三十年方才成立，（Bayr. L. R. I. 2. §15.）巴登大公国的国法则设定为十年（Bad. L. R. 6），其他国家亦有类似之立法。上述规定虽然便于确定习惯法之成立期，却徒有虚表，实际情况则是证明习惯开始之时极其困难，因此导致复杂问题频生，在享有法性上非常必要之习惯存续期最终委任法官进行裁量。

时效说乃一附会说，出自尊崇罗马法之残余势力，自然不足以说明习惯法化之基础。时效说从权利基于期间长短而有得失之分的规定类推而出，意图解释法规之诞生问题，在将时效完成认定为习惯享有法性之原因一事上，以及仅在期间长度上将时效完成等同于习惯享有法性一事上，两者之根据是立法者随意制定的期间长度。因此，时效乃立法者制定的法规之结果，不应成为法规之原因。倘若在一国尚未有习惯法之过去，已经存在成文法，并依此规定习惯法产生之时效，那么，自然可将习惯之法化归因为时效，然而，习惯法之存在早于成文法，法之初期乃习惯统治之时代，尚未有成文法。因此，当时在习惯法之外明显无任何法律可规定时效之法则。简言之，时效说将法之结果解释为法之原因，可谓本末倒置。

第四节 承认说

将习惯之享有法性归因为主权者之承认，便是承认说（Anerkennugstheorie）。该学说的主张者中，有人认为承认之主体是国家或主权者，有人则认为是立法者，还有人认为是法官。在承认方法上，或仅称其为承认，或许可，抑或是认可。在承认范围上，或是普遍承认习惯之法性，例如日本法例第二条，或是针对各个习惯特别给予承认，例如法国民法第五百九十条、第六百六十三条、第一千一百三十五条等。因此，虽然以上种种都将承认作为习惯享有法性之原因，其内容却非一致。若以承认主体将其分类，可分为立法承认说与司法承认说两种；以承认方法将其分类，可分为许可说（Gestattungstheorie）与认可说（Genehmigungstheorie）两类；以承认范围将其分类，可分为普遍承认说与特别承认说两类。然而，上述各分类亦相互交错，因此，为避免逐一划分之烦琐，现将各类学说统合而论之。

承认说之所以广为盛行，乃近代国家蓬勃发展所伴随的主权观念发达之结果。古代习惯法之法效之所以具有效力，是因为神授、祖先遗习、民众承诺，又或仅仅因为习惯本身等，极少有人将其归因为主权之行使。更何况古代立法权并非主权观念之要素，祭祀权、贡租权、统帅权、审判权等才是主权之构成要素，法律不一定来自主权者之创造，而是来自神意，抑或来自民众之惯行。君主颁布之命令，多数是临时特别命令，并非可作为法规的一般命令。（Maine, Early History of Institutions. Lect. XIII.）而且，随着国权集中统一，立法成为主权作用之一，尤其十七世纪以来，近代国家逐步发展，立法机构得以大力整备，立法权成为主权的首要构成成分。另外，自然法学说发展、罗马法研究复兴等原因，以及立法作用导致各国纷纷效仿各种有形无形之模范法，于是，在十八世纪中后期，欧洲普遍盛行成文法崇拜，认为法之本体乃成文法。至十九世纪初期，便出现学者主张立法承认说。（Archiv f. civ. Praxis. B. 66. S.361.）如此一来，自从立法权成为主权首要构成成分之后，人们便产生一个观念，法律中成文法与不成文法之起源皆应来自主权，最终将习惯之享有法性归结为立法者的承认。

中世纪以后，自由思想发达，自然法学者在主观层面解释法源，将自由意志作为法之唯一原力。因此，法律产生于立法者之自由意志，成文法由立法者通过自由意志所制定，于是，名正言顺之法者，唯有成文法，而其他法规则是对正当立法权之僭夺行为，习惯法若非出自立法者明示或暗示之承认，则不具备法效。（Unger, Oester. allg. Privatrecht. I. §5.）因此，承认说产生之主因，是近代国家在主权观念上之发展，其副因，是中世纪以来自由观念之发展。

古代罗马普遍盛行的意思说将在后文中详述。上文已经论述近代承认说广为盛行之原委。该学说之变迁并非突如其来，亦非偶发。自罗马帝国以来，经历了中世纪帝政主义后，近代国家蓬勃发展，该学说便是政治变化下思想亦发生改变之产物。其过程之概述如下文所示。

在罗马共和时代，民众乃立法者，民众在表决行为（suffragium）中明示之意思便是成文法，在惯行（usus）中默示之意思则是习惯法。至帝政时代，民众依“帝权法”（lex regia）将主权让渡于皇帝，因此君主拥有立法权，“皇帝之所好，即有法之效力”（Inst. I.2.6），至此开启民意说向君意说转变之端绪。

至中世纪，罗马法注释法学派（Glossatores）与后注释法学派（Post-glossatores）的学者往往将习惯法之起因归结为“君主之认许”（patientia principis）。注释法学派鼻祖伊尔内留斯（Irnerius）便是其中一人，他主张以皇帝默认说取代民众合意说。（Brie, Die Lehre vom Gewohnheitsrecht. S.113.）然而，关于皇帝默认权，当时法学者之见解并未统一。在后注释法学派之中，亦曾发生激烈争论，众说纷纭，主要有如下四点：

一是民众让渡于皇帝之立法权仅为制定成文法之权力，民众仍保留依据惯行之默示制定习惯法之权利，否认了习惯法之君主承认权。

二是君主之承认补足了民众之合意，君主之承认在习惯法起因中起补充作用。

三是君主代表民众承认习惯，该承认起替代作用。

四是在民众合意之上叠加君主之承认，君主之承认起促进作用。（Lambert, Fonction d. dr. civ. com. p.126.）

各类学说虽不统一，但随着近代国家体制逐步完备，学者承认在君主政体国家，君主之意志乃独立法律之原力，在习惯法上，以“君主默示之承认”（tacitus consensue superioris）代替“民众默示之合意”（tacitus consensus populi），最后，为适应任一政体，便不再狭义地提及“民众”或“君主”，泛称其为立法者之承认。

近代首个主张主权者承认说之人是托马斯·霍布斯。他可谓分析法学派之远祖，认为法律乃主权者之命令的奥斯丁学说便萌芽于托马斯之观点，因此他将习惯法归因于主权者之承认再自然不过。托马斯之观点如下：

> 当永续之惯行享有法效时，使其具有法权者，并非一段长期时间，而是以沉默示意的主权者之意思。因为沉默有时便是承认之证据。假如习惯存在于主权者默认期间，

则可称其为法律。（Hobbes, Leviathan. ch. XXVI.）

罗伯特·费尔玛爵士对承认说之支持最为明确。他在著作《先祖论》中论及习惯之起源：

> 若考查法之本质，必然需要考虑君主之存在，这点毋庸置疑。众所周知，法律乃掌权者之命令。（中略）普通法（Common Law）乃王国之普通习惯。言及此习惯法，我们必须思及习惯尚未成为习惯法之情况。而且，我们今日所谓第一先例，其实并无先例。由此可见，习惯法之初始，必然在习惯之外有一力量赋予其法性。否则，一切习惯法之起源皆为非法。而且，最初赋予习惯法性者，必然是掌权者之命令或承认。（Sir Robert Filmer, The Patrarcha. 1680. ch. III.9.）

上文霍布斯与费尔玛之论述并非代表当时英国法学家之普遍观点。两位学者都在民权论盛行时代主张王权论，霍布斯主张主权之绝对性，认为法律是主权之命令，费尔玛认为王权乃先祖权，为神授。因此，在十八世纪之前，学界都将该二人视为曲学阿世之徒，二人之学说是异端邪说，几乎无人问津。然而，到十九世纪初期，奥斯丁在英国兴起法理学，其学说之依据便是霍布斯的理论，于是世人方才得知霍布斯学说之价值，这位仅因政治感情而遭嫌弃的学者，在数百年后方得一知己。费尔玛在著作《先祖论》引用《圣经》中的神话历史，因此他阐述之事实不足以成为学术根据，然而，其先祖论引出了梅因等后世学者的父权论，遂被世人大为关注，至十九世纪中期，之前被视为邪说的学说，因与近代社会学者研究结果不谋而合，世人便称其为卓见。

霍布斯与费尔玛生前都被视为曲学阿世之徒，不被当世所容，因此两人之学说反而证实了与其截然相反的学说之存在。当时英国普遍倾向于惯行说，认为惯行乃民权之表现，其自身即为法，又或是布拉克斯东等人主张合意说，认为英式自由特征之一便是英国普遍法基于习惯存在，因为习惯法依民众自由合意而创建，乃自由之实证。（Blackstone, Commentaries. Introd. p.74.）正如上文所述，十九世纪之前，承认说在英国并不流行。

然而，自十九世纪初期开始，两大法学家边沁与奥斯丁出现，他们排斥长期以来的习惯法崇拜，集中火力攻击布拉克斯东的学说，尤其在奥斯丁主张法律乃主权者之命令的学说之后，承认说在英国逐渐流行。

奥斯丁认为，法律乃一个独立政治团体的政治优势者对政治劣势者发布之命令，所谓命令，乃优势者对劣势者的意思明示，要求劣势者完成或者避免某行为，并以恶报之后果警示违反者。同时，奥斯丁主张习惯法亦是主权者之命令，率先提出司法承认说：

习惯最初乃服从者自然遵守之行为规则，并非因为政治优势者颁布法令才遵守。然而，习惯一旦经由法院认可，基于习惯之审判通过国家权力得以强制施行时，习惯则变为“实在法”（positive law）。在附加法院认可及法律制裁之前，习惯仅为“实在道德”（positive morality）。

同时，奥斯丁将习惯法之效力归因为主权者之认可：

当习惯经由法官认可而变为法规时，该法规由主权立法政府制定。作为下属臣子的法官仅仅是主权机构之官吏，被委任部分行使主权。因此，法官制定之规则之所以具有法效，皆因国家赋予其职权。

奥斯丁随后更进一步阐述司法之认可乃主权者之命令：

国家赋予此权利之方法，虽然素有明示之形式，不过一般采用默许。因为国家完全可以破除法官所作之法规，却允许以国权强制实施，虽然并未通过布告明示，但该行为已

> 经明确表示其主权意思，等同于宣布："法官所作之规则具有法效。"（中略）命令与其他欲望之表示一样，既有明示亦有暗示，以语言表示为明示，以行为表示为暗示。作为臣子的法官依判决将习惯变为法规时，该法规便是主权立法政府之暗示命令。（Austin, Jurisprudence. pp.104–105.）

当奥斯丁学说控制了英国法学界时，英国的习惯法起源论基本倒向主权承认说，不过，基于习惯的最初审判等同于命令的司法承认说则有不少学者提出异议。（Vide, Chantoon, Jurisprudence. ch. IV.; Rattigan, Jurisprudence. ch. V.）霍兰德、赫恩、萨尔蒙德等人认为最初的审判仅承认了先存的习惯法，并非习惯法化之原因。下文将概述三位学者的观点，以此记述英国习惯法论之概况。

霍兰德认为，国家无疑是通过其代理者即法官承认已经达到一定公共行为或公益标准的习惯。法院赋予习惯效果，不仅针对未来，也可溯及过去，即该习惯获得司法承认印章之前便是法律。霍兰德赞同奥斯丁认为习惯通过国家承认享有法性的观点，但他认为奥斯丁的另一观点有误，即习惯享有法性的时期始于法院承认。"法院赋予某个习惯强制力之原则，已经通过与其他数百条法规相同的方法得以确定"，关于习惯法发生时期，"习惯在满足一定要件后才被赋予强制权力，而且该要件之性质在过去已经确定”。（Holland, Jurisprudence. ch. V.）然而，该学说在习惯享有法性一事上却无任何解释。霍兰德所谓的习惯法要件，最初早已被法院规定，因此他的观点其实是循环论证，等同于认为习惯享有法性出现在审判之前，该习惯应享有法性之要件由审判决定。由此可见，霍兰德意图驳斥奥斯丁之司法承认论，却反而表达出赞同之意。

赫恩认为，习惯享有法性是因为立法者全面接纳习惯，针对各习惯之范围、意义，以及习惯相互之关系、习惯法与其他法律之关系等方面，由法院出面决定，“习惯法并非异例，它与一切法令平等，由立法政府制定、法官执行”，诸如《萨利克法典》（Lex Salica）、《里普利安法典》（Lex Ripuaria）、《勃艮第法》（Leges Burgundiarum）、《威尔士法》（The Law of the Welsh）、《布莱恩法律》（Brehon Law）等“蛮族法”（Leges barbarorum）皆汇集各民族习惯，并附加法律制裁，罗马的执政官（Praetor）依据立法部之委任权颁布《宣示令》（Edictum）。但据西塞罗（Cicero）所言，执政官宣布“习惯之定例”，赋予其法性及法律形式。

在英国，古代克努特国王（Cnut）、征服者威廉（William the Conqueror）等国王颁布了承认既存习惯之效力的法令，至金雀花王朝（Plantagenet）初期，立法部为推行国王之良习（“The good customs of the realm”）设立专门机构，该机构即法院，法院实施之法律即普通法（Common law）。直至今日，法官之职责（Commission）仍是依据英吉利之法律及习惯主持正义，由此可知，习惯法等同于成文法，立法部赋予其法性，法官确定习惯法范围及意义，与解释确定成文法意义并无二致。（Hearn, Aryan Household. ch. XVIII. §4.）

萨尔蒙德同样不认同奥斯丁的司法承认说，他认为“习惯之所以成为法律，并非因为被法院承认了，而是因为应该被承认。将来若产生需要，则根据法律定则必然应承认其法性，习惯之法效并非由诉讼有无等偶然事由来决定”。习惯并非等待审判过后方才成为法律，这一点恰好与成文法或合同并非等待争讼过后方才享有法效一致，“习惯乃判决之基础，与国会之法律乃判决基础并无二致，法律早已存在，审判不过是对法律之应用”。（Salmond, Jurisprudence. §48.）然而，萨尔蒙德亦同样无法解释法之定则究竟因何而生，因此，他的论述仅止步于断言习惯法存在于审判之前，并无展现其享有法性之时期及方法。

将习惯法视为主权者之命令，认为寻常习惯之所以变为法习惯是由于命令叠加其上的学说将成文法视为本体法，便得出习惯法乃变体法之结论。据说，该学说宣称普通法自古便是英国民权之基础，于是被尊崇习惯法的英国法曹广为倡导。上述说法初看颇有不协调之感，但是深入探究该传言背后之体系便可得知，与民性不相协调的这一学说出现在十九世纪绝非偶然。

较为保守的英国民众自古尊重习惯，认为普通法（Common law）与习惯法（Customary law）意义对等。（Blackstone, Commentaries. Introd. Sect. II.）普通法即“民权”（Folk-right），因此具备命令之形式的成文法并不只是国法之一小部分。（Clark, The Science of Law and Law-making. p.21.）习惯法是基础法，成文法为保存习惯法以及确定其意义而制定习惯法，又或是因时势变迁等其他临时需要而制定习惯法，成文法反而被视为补充性法源。而且，作为基础法之习惯法被记录于判决册中，判决册之卷数经年累月增多，终至汗牛充栋。柯克大法官（Lord Coke. 1552—1633）时期，在多数法令册之外，仅有十五卷判决册，之后年年以惊人速度增加，如今已高达三千多卷，相当于每年以一百五十卷的速度增加。（Dillon, Law and Jurisprudence of England and America. pp.133, 174, 233, 265, 285.）由此可见，十八世纪时，该保守国度的守旧法学家所崇拜的不成文普通法已颇为复杂，容易深陷难以知晓之困境。

马修·黑尔爵士于1713年完成著作《英国普通法历史并法之分析》（Sir Matthew Hale, The History of Common Law of England, with an Analysis of the Law. 1713），尝试有序记录普通法，意图拯救不成文法之繁杂弊端，可谓开先河之人。之后，布拉克斯东参照黑尔的编纂法写出大名鼎鼎之《英国法注释》（Commentaries on the Laws of England. 1765）一书，当时该著作在英国法学界受到空前欢迎，皆因此书在井然有序之体制下叙述全部英国法，英国法曹仿佛从判决册之迷宫中得以解脱。因此，在十八世纪后半期，英国法学家依然崇拜习惯法这一普通法，布拉克斯东本人亦称赞不成文法，说习惯法乃民权之基础，然而，实则是困于判例法（Case law）之繁杂，几乎无意识地产生厌烦之念而已。加之如上文所述，当时欧洲大陆的自然法学家坚信成文法万能主义，在英国，人们相信国会万能，而且为适应社会剧变，势必依赖成文法，因此最终产生将成文法视为常体法之倾向。

杰里米·边沁（Jeremy Bentham. 1748—1832）此时出面提出法律改革论，试图将繁复至极之习惯法改为成文法。边沁排斥尊崇习惯法之风，批判布拉克斯东之徒盛赞普通法为“完善之理性”（“the perfection of reason”）的行为，他称习惯法为“法官创制之法”（Judge-made law）并痛斥其弊害。当时，布拉克斯东可谓英国法学家之正统派，边沁则被称为激进派（Radical），被视为激进改革论者，对保守的英国人而言，“激进”一词几乎用于描述恶人，因此当时除了少数极具慧眼之政治家与法学家，几乎无人倾听边沁之学说。而且边沁又特立独行，无妻无子，职业亦无烦心之事，因此他孑然一身，一心一意期望成为人类良友，坦率执笔写文，侃侃谔谔，日夜笔耕不辍，超然于毁誉褒贬之上，八十四载岁月始终保有如孩童般纯洁之性情。

边沁著书后二十余年间，其学说被世人视为一迂儒之邪论，然而塞缪尔·罗米利爵士（Sir Samuel Romilly）、穆勒父子（James Mill.John Stuart Mill）、兰代尔勋爵（Lord Langdale）、布鲁厄姆勋爵（Lord Brougham）、詹姆斯·麦金托什爵士（Sir James Mackintosch）、杜蒙（Dumont）等知名大家皆认可边沁之惊人才华并师从于他，同时边沁之功利主义哲学适合英国民众之习气，于是边沁便逐渐得势，十九世纪英国法律之改善，其动机不少或间接或直接来自边沁，而且在边沁生前诸多招致谩骂嘲讽之改革法案中，有数十件由他本人实施。

边沁之后，便是奥斯丁。奥斯丁攻击布拉克斯东，他的观点与边沁相同，认为英国法之缺点在于其成文法无序而其不成文法繁多复杂。他提倡法典编撰论，在法律研究法上，他兴起分析法律观念、明晰其要素之学风。边沁学说主要归属于法律政策，成为十八世纪以来英国法实质改善之动机，奥斯丁学说主要属于成文法静态学观察，成为十九世纪以来英国法完善形态之原动力。两位学者的学说依据符合民性之功利主义、应时势需要，最终压制布拉克斯东等守旧派法曹，风靡全英国法学界。这便是十九世纪英国学者几乎都采用主权命令者说之原因，不过于色彩上略微不同而已。因此，虽然惯行说、合意说等很符合英国普通民众固有思想，但一般反动力量从守旧思想之弊害中诞生，主权者承认说最终反败为胜。

边沁与奥斯丁皆察觉习惯法是自身学说之障碍，但两人对习惯法之说明在态度上却大相径庭。边沁是“判例法之公敌”（Dillon, Laws and Jurisprudence of England and America. p.313），习惯法之维持与他本人法律改良论水火不容，他一方面竭力打破崇拜习惯法之风，另一方面依据成文法推行其改革方案。习惯法来自法官之僭权，并非真正法律，于是边沁称其为“法官创制之法”（Judge-made law），特意表明其轻侮之意，还屡屡以嘲骂之言痛论习惯法之害处。（Bentham’s Works. V.5, 235, 339, 354, 374 n. 500.; VI.107, 109–113, 150, 391, 552.; VII. 159 n. 447 n.; IX.8–9, 322, 480.; X.575.）边沁之态度酷似自然法派对习惯法之态度。奥斯丁却不同，他将习惯法视为命令之结果，感觉难以将其纳入自己对法律之定义中，于是不得已采用委婉之论法，将习惯法视为主权者之间接命令。

英国盛行承认说，一方面由于学者反对崇拜习惯法，另一方面也因为立法议会——“国会”之势力逐步发展。自中世纪以来，伴随议会权力扩张，其立法权逐渐发达，甚至有人提出议会万能说，亦有人认为议会立法权乃法之唯一来源，习惯法之法效亦来自立法议会之权力。在著名的Collins v. Blantern案中（Collins v. Blantern. 2. Wils. pp.348, 351），威尔莫特大法官（Lord Chief Justice Wilmot）在宣告判决时有如下发言：

> 普通法（习惯法）以及成文法皆出自立法政府，同出一源。成文法将立法政府之意思存入文书记录中。普通法乃古代成文法，初始时曾形成文书，只是随时代变迁某些记录已消失。我国法律皆基于立法政府之承认，始于习惯与始于古例或文书并无差异。

马修·黑尔爵士之著作《英国普通法历史》（Sir Matthew Hale, The History of Common Law of England. 1713）第四章中，亦写明普通法与成文法同出一源。由是观之，英国议会势力壮大乃立法者承认说发生之一大原因。

提倡承认说之学者虽然论据相同，但论旨却并非一致。虽然学者皆一致认为习惯法之基础在于国权，但论及国权之行使，有人认为仅是国权之承认，有人强调是立法者之承认，亦有人认为是司法官之承认，下文将举二三例来详论其异同之处。

在德国，中世纪至十九世纪初期，颇多学者采纳立法者承认说。（Gierke, Deutsches Privatrecht. I. §20.）巴伐利亚的国法第一编第二章第十五条写明："习惯法不仅表达民众意思，它还基于可推测出已获国君承认之惯例。"（Bay. L. R. I. 2. §15.）时至今日，提倡承认说的德国学者中不少人认为该承认主体是国家。其中最著名之人是布伦斯。他认为习惯之本质是必要感与无意识行为，人们为形成自身习惯会做某些特定行为，在刻意为之的期间，不可称其为某人之习惯，国民之法习惯亦如此，虽然其起源来自有识之士之考量创意，但唯有国民已经产生倾向性并无意识地普遍实施时，才可称其为习惯。因此，法习惯并非试图创制法律之民意，亦非对法律存在之确信。国民之法感觉（Rechtssinn）为国民法生活提供一定方向，方才有法习惯。所以，习惯法之效力的基础虽然存在于其内部，但习惯法拥有外在强制力是因为得到国家承认及保护。（Bruns, Das heutige roemische Recht. §7. Holtz. Encycl.）

施瓦纳特（Schwanert）亦提倡国家承认说。他在《法律及习惯论》一书中写道，承认之主体乃国家，习惯势力之强大自不待言，但单纯之习惯并非容不下个人反对之意，唯有施加国家强制力，习惯方才成为真正法律。而且有一理由使得国家必须承认习惯。国家以维持社会秩序为主要目的，因此在制定新规同时不革除旧制的条件下，保持既有秩序乃国家理所应当之职责。倘若反其道行之，国家不承认习惯，势必招致反抗，最终无法达到其维持社会秩序之目的。习惯之势力具有整体性，连国家机构都需要依赖习惯，而且国家有国民，国家与国民休戚与共，因此，国家自身也依靠国民习惯，这一点恰似个人在习惯中失去自由意思之意识。（Schwanert, Gesetz u. Gewohnheit. S.21.）

除此之外，还有其他明示国家乃承认主体的学者。格利克（Glück）认为“习惯法是出自臣民相同行为之有效规范”，该规范之所以享有法性，是因为“得到国家最高权力认可”。（Glück, Pandekten I. S.447.）毛伦布雷歇尔（Maurenbrecher）认为，习惯法是国家具体总意之表现形式，其总意最初表现为民族意思，之后因政府默许成为国家意思。（Maurenbrecher, Deutsches Privatrecht. I. §21.）

最明确提出承认主体乃统治者的学者是马克斯·萨德尔（Max Saydel）。他认为法律乃统治者之意思，针对其他学者批判习惯法并非基于统治者之意思的言论，他提出，“习惯法同样因统治者意思而享有约束力。单纯的习惯绝对不可称其为法律，唯有得到统治者承认后方才成为习惯法。如果没有这种明示或者默许之承认，习惯绝无可能凭借自身变为法律。假如习惯法之效力并非基于统治者之意思，那么统治者为何可以废止不是亲自颁布的法律？这便成为一个无解之题”。（Max Saydel, Grundzüge einer allg Staatslehre. S.13.）

约瑟夫·沙因（Schein）提出一另类的国家承认说。他认为“法律乃国家行为规则之整体”。（Schein, Unsere Rechtsphilosophie u. Jurisprudenz. S.4.）他批判历史法学派的法源民族精神论，他认为法律并非如历史法学派所言，是来源于国民意识或确信，亦非来自多数个人行为的连续一致性，即法规只能由国家独立创制，个人无论如何行动也无法产生法规。国民之惯行之所以存在，原因之一是国家习惯性地保护民众服从习惯之行为，但国民之习惯性行为无法直接产生习惯法，正因为国家持续不断地保护习惯，因此才产生习惯法。过去之学说认为民众之惯行催生出习惯法，所以单纯的寻常习惯与法习惯之间的界限模糊。倘若寻常习惯来自民众之惯行，法习惯来自国家之惯行，那么此二者之区别就不难回答。（Schein, Unsere. Rechtsphilosophie u. Jurisprudenz. S.56.57.）

关于习惯法之享有法性，法国普遍认可立法者之默认。学者或是认为习惯法来自“立法者通过容许表达出的暗示性意思”（“la volontè tacite du lègislateur, manifestée par la tolérance”）。（Mourlon, Répètitions écrites sur le Code Civil. tome, I.13.） 或是认为其效力来自“立法者通过沉默表达出的暗示性承诺”。（Baudry-Lacantinerie, Précis de Droit Civil. tome, I.8.）扎哈里埃（Zachariae）等人研究法国法时，亦将其视为“立法者默示之表意”（“die stillschweigende Erklärung des Gesetzgebers”）。旧时代之法国被划分为成文法地区（Les pays de droit èrcit）与习惯法地区（Les pays de droit coutumier），伏尔泰（Voltaire）曾说：“在法国旅游者每更换一马匹就更换一法律。”（“Lorsqu'un homme voyage en France, il change de lois presque autant qu'il change de chevaux.”）法国全境有无数地方惯例（coutumes）林立，因此当王权扩张以及议会（Parlement）至高审判权发展时，

中央集权之势渐成，故倍感法律统一之必要。然而，自古因袭已久，地方惯例无法轻易改革，为达到这一目的，唯有以立法权创制统一成文法。

随着法国体制完善，立法权逐渐被重视，人们将其作为法律唯一起源，习惯法是立法者允许存在之变法，无论何时都可被作为正法之成文法废止，这一现象之出现，皆因上文所述。而且，由于法国有数百地方惯例，全国法域星罗棋布，所以一些认为存在如自然法那样具备普遍性之集大成法律应在国法之上执行的学说便应运而生，也使得法国法学家特别尊重自然法，认为“自然法可谓法国普通法”。（Maine, Ancient Law. ch. IV.）然而，为实现该理想状态的自然法，使其成为具体法规，不仅需要依靠成文法，连统一习惯法亦需要依靠成文法。而且，依靠成文法改造作为现实法存在的习惯法，使其靠近理想的自然法，就必须期待立法权之作用。这便是法国法学家将国家立法机构视为法律整体之源泉、认为习惯法亦与成文法同出自该来源之原因。

伴随着近代国家体制的完备，承认说逐渐发展，成为将习惯之享有法性归因为国权的不可动摇之正论。只不过该学说将其局限为国权之行使的一部分，归因为立法承认或是司法承认，此乃该学说狭隘之缺点，后续将详述，此处仅简单评论上文列举之若干学说。

立法者承认说是成文法全能主义之产物，当今法律状态便是以成文法作为法律本体，该学说不过是在此法律状态下产生之思想而已。假如习惯法存在于成文法出现之前，初期成文法大致为习惯法之记录的事实准确无误，那么该承认说就无法说明习惯法统治时代下习惯法之起源及其效力。在习惯法统治时代，不仅没有现代意义上的立法者，连广义范围之立法者也不存在，一些先觉学者已经论述过这一点。（Maine, Early History of Institutions. Lect. XIII.）因此，法律史已经明确证明立法者承认说之误谬。

比尔林（Bierling）认为立法者承认说不可证明。（Bierling, Kritik der Juristischen Grundbegriffe. I.ii.）。齐特尔曼则认为该学说仅是假说（Fiktion）而已。（Zitelmann, Zeitschr. f. civ. Praxis. LXV.364.）上述评论可谓恰当。

假如习惯因获得立法者承认而享有法性，那么立法者表明其承认之方法有两类：一类是普遍指示，某种类的习惯全体享有法效；另一类是特别指示，针对每个习惯分别承认其法效。例如，日本法例第二条以成文法形式明示习惯法效相关之标准，可称为承认之一般指示。然而从另一个角度审视之，如此被明文承认者虽名为习惯法，实则可视其为成文法之内容，因此这不仅只是单纯的习惯法问题，而且主张承认说的学者在研究习惯法之效力时并非只局限于上述成文法之明示，所以该学说之正确与否必须由上述情况之外是否依靠立法者承认这一点来决定。

在普遍承认说上，霍兰德、萨尔蒙德等人反对奥斯丁的司法特别承认说，该学说认为习惯因审判享有法效。霍兰德、萨尔蒙德认为习惯之所以享有法性，是因为习惯存在于最初的审判之前，法院代表国家普遍承认符合一定标准的习惯享有法效，并依据该习惯进行审判。（Holland, Jurisprudence. ch. v.; Salmond, Jurisprudence.）然而，所谓标准，本就由各个法官归纳总结。因此，从数量众多的审判例中抽象归纳出原则之后产生习惯，人们或许可以从中获知法效产生之时期，但进行抽象归纳的每位法官以何为依据来承认习惯之法效却不甚明朗。可见，上述普遍承认说并不足以说明习惯法之起源。霍兰德评价德国历史法学派时说到，该学派认为习惯并非法之起因，而是法之标证，即原则先于应用存在。可实际上原则却是应用之综合，这便是该学说自相矛盾之处。（Holland, Jurisprudence. ch.v.）

亦有学者主张，立法者拥有禁止习惯法之权力却不禁止，即表明承认习惯。然而这是极其脆弱之论法，普赫塔（Puchta）仅用一句话便指出该论法之误谬："你有杀死邻居之能力却不杀之，但你并非赋予邻居生命之人。"（Puchta, Das Gewohnheitsrecht. I. S.210.）

相较于立法承认说，司法承认说在习惯之享有法性的说明上似乎稍显稳妥，但是该学说却将司法承认视为享有法性之唯一原因，乃狭隘之理论。尤其奥斯丁在法律本质问题上一面采用命令主义，一面又提倡司法承认说，这是最为怪异之处。诚如奥斯丁所言，命令乃优势者对劣势者之意思表示，表达其对一定行为之期望，并伴随以强制力促成该期望实现之决心。因此，命令乃事前之预期希望。将事后之承认当作事前之命令，实乃狡辩。针对上述批判，奥斯丁之拥趸者为维持命令说，甚至创造诡辩之言："主权者之所许即命令。"（"Whatever the Sovereign permits he commands."）（Vide Maine, Early History of Institutions. Lect. XII.）即主权者有权禁止任何行为，而他不行使权力、允许现状存在，众人便应服从该现状，这等同于命令。此论述将国家之消极态度等同于积极行动，毫无逻辑可言。假如该论述成立，那么属于自由范畴内的众多日常行为便必须悉数听从国家命令，不仅如此，依照该原则，单纯习惯亦悉数拥有法之效力，因此上述学者认为习惯得到法官承认后才享有法性之说明，便完全无视他们的这条论述，结果便是习惯与习惯法之间毫无区别。所以奥斯丁之拥趸者若要维持命令说，就必须抛弃司法承认说，若要维持司法承认说，就必须抛弃命令说，别无其他选择。

第五节　法信说

十八世纪末是习惯法危机四伏之时期。当时自然法学说之势力已达巅峰，在政治上有法国革命，法律上有欧洲大陆诸国编纂法典之举，学者、政治家们追随承认法律广泛存在之自然法学说，锐意改革作为事实法存在之国法，努力趋近理想法状态的自然法。然而，假如意图骤然实现此理想，那么便等不及势弱之习惯法充分发展，而且无法依靠从各个案件中零散获得的审判法，只能通过活跃的立法机构破旧立新。因此，这群急躁的改革者希望全部国法变为成文法，编纂成法典大全。

于是，成文法崇拜之风渐起，学者质疑习惯法存在之理由，主张立法者应当全面废除习惯法，或者禁止习惯法出现。自然法学者不仅主张法律广泛存在，还认为法律具有恒久性与普遍性，自然法永世长存、万邦通用，因此，当他们试图统一事实法与理想法时，便无视时间与空间两要素，妄图无论何时何地都可依据成文法实现理想法。其结果便是将整个人类作为法律主体，无视国民特性，轻视历史、习惯、时代精神，否认法律是动态发展之产物。而且，学者们往往通过意识要素之有无来区分习惯法与成文法，习惯法是在社会发展过程中无意识发生，而成文法是有意识发生，是基于理性意志活动的产物，虽然习惯法之支配是法律本能支配，但成文法之支配是理性支配，显示人类意志之成功，因此习惯法是劣等法，成文法是高级法。从十八世纪末到十九世纪初，推崇成文法之风达到巅峰。（Stobbe, Deutches Privatrecht. I. §21.）

就在此时，德国历史法学派兴起，反对自然法学说，并与其针锋相对，针对自然法学派中的普遍性说法，历史法学派指出法律具有民族性；针对恒久性说法，指出法律具有发展性；针对理性说，提出法信说；针对成文法万能说，提出习惯法本源说。历史法学派在十九世纪法学界旗帜鲜明地以民族法信为其标志。

德国历史法学派先驱人物胡果（Hugo）在成文法全能说如日中天之时主张习惯法乃独立法源，认为成文法与习惯法本就对立。（Civilistisches Magazin. B. IV. S. 89.g.; Encyclopaedie §21, 22.; Naturrecht §130.）这在当时引起众多法学家注意，视其为奇谈怪论。几乎与此同时，萨维尼在德国法律统一问题上与海德堡大学教授蒂堡（Thibaut）就法典编纂发生争论，他于1814年出版《论立法及法学的现代使命》（Von Beruf unserer Zeit fuer Gesetzgebung und Rechtswissenschaft）一书，主张法律如同语言、风俗一样源自以民族意识（Das gemeinsame Bewusstsein des Volks）为基础的民族共同信念，即相同的内部必要感（Die gemeinsame Ueberzeugung des Volks, das gleiche Gefuehl innerer Nothwendigkeit）。此后，萨维尼在1840年出版的《现代罗马法论》（System des heutigen roemischen Rechts）中详述了上文的法性论以及习惯法基础。而且普赫塔（Puchta）于1828年写出大名鼎鼎的《习惯法论》（Gewohnheitsrecht），论述了习惯法性质。自此，习惯法成为"历史法学派之宠儿"（"Das Schosskind der historischen Schule" —Ihering, Geist des roemischen Rechts. II.S25）。习惯法论宛如历史法学派之基本教义，此后，习惯法论不仅只是学者论争，如何解决该问题俨然对各国立法以及司法造成重大影响。（参考Motive z. d. Entw, e. B. G. f. d. deutch. Reich. I.; Gierke, Entw. e. B. G.; Gény, Methode d'interprétation; Lambert, Fonction du droit civil comparé等。）因此，下文中吾将首先论述被称为萨维尼—普赫塔学说的习惯法论。

如上文所述，德国历史法学派认为，法之主体是民族（Volk），法存在于民族意识（Volksbewusstsein）、来源于法信（Rcchtsueberzeugung），因此，法之本体存在于民族之心意状态中，民族间皆有此共通之心意状态，于是其行为自然而然形态相同，最终产生习惯。普赫塔认为，民族信念有一既存法则并服从之，故产生统一行为，进而形成习惯。（Puchta, Gewohnheitsrecht. II. S.33, 38, 64, 68.）在萨维尼的观点中，形成习惯之行为源自法之必要感（Das Gefühl rechtlicher Northwendigkeit; opinio necessitatis）。

（Savigny, System des heutigen roemischen Rechts. I.S.15.）所谓法，不过是既存之法依民族行为表现为一定形态，因此，习惯变化为习惯法之说法，乃法源之本末倒置，“因其为习惯，故合法”。（“Es ist Rechtens, weil es Gewohnheit ist.”）必须改为“因其合法，故为习惯”。（“Es ist Gewohnheit, weil es Rechtens ist.”）习惯并非法之原因，而是结果，并非法之产生原因（Entstehungsgrund），而是法之认识手段（Erkenntnismittel）。依此说法，习惯法乃既存之法具备形体后之产物，普赫塔曾说：“习惯乃习惯法不可或缺之伙伴。”（“Unzertrennliche Begleiterin des Gewohnheitsrechts.”）因此，习惯之形成与享有法性同时发生。更确切地说，只存在法之习惯性形式的问题，不存在习惯之享有法性的问题。

普赫塔纯粹的法信即法说以及萨维尼稍微和缓的法信即法说，皆因两人之盛名与论述之巧妙收获众多追随者。格贝尔（Gerber, Deutches Privatrecht. §28）、泰尔（Thael, Deutches Privatarecht. S.134）、斯托布（Stobbe, Deutches Privatrecht. 2 Aufl. S.150）、舒普（Schuppe, Das Gewohnheitsrecht. S.148）等人最为知名。泰尔曾说：“没有不被言说之语言，没有不被实施之风俗，却有不被执行之法律。”他以此来表达虽然法信并未表现为惯行，但仍可称其为法律。过去，人们在批判历史法学派时，指责其以法信作为法之原力，所以如今亦不必对其认为习惯法源于法信之论述多加指责。不过在萨维尼—普赫塔学说之追随者看来，法信自身独立拥有法性，但至于为何这种确信会令某一原则产生法效，他们却无法给出确切论证。即便法信真实存在，却正如齐特尔曼所言："这不过是对法律的意见，并非法本身，因此不可能具有约束力。"（Zitelmann, Archivf. civ. Praxis. LXVI.S.425.）关于这点，齐特尔曼深中肯綮。他说："与成文法一对比，便可得到针对此学说的决定性反证。成文法之所以具有法效，并非因为普遍法信之表现。法曹口中之法（即成文法），是依托正当权利之形式而存在之法，与其内容是否符合法信毫不相干。所谓法信，或许是创制之法的源泉，却不是现存之法的源泉。毋庸置疑，民众对于正义以及法律之舆论往往会波及或者必然波及立法者，然而，这只不过是立法意思之先存事项，或是决定立法意思之原因，或是决定方针及其内容之基础，但其定则、法规不外乎立法意思所表现出的行为本身。"斯塔尔也曾表示，民族意识虽然可为法之内容，却并不赋予法律效力，其主张之趣旨与齐特尔曼如出一辙。（Stahl, Philosophie des Rechts. I.ii.3.）

被称为历史法学派之学说基础（Grund-und Eckstein）的萨维尼—普赫塔法信说不久便被后来者所动摇。罗马法学派法曹（Romanisten）的凡格罗（Vangerow）与日耳曼法学派法曹（Germanisten）的贝塞勒（Beseler）开始针对法信说提出异议。随后，凯勒（Keller, Pandekten. §3）、斯塔尔（Stahl, Philosophie des Rechts. II. §8, 20）、韦希特（Wächter, Pandekten. §22）、温德沙伊德（Windscheid, Pandekten. §15）、辛特尼斯（Sintenis, Civilrecht. §3. Anm. 210）、恩格（Unger, Oesterr. Privatrecht. §5. Anm. 23）、基鲁夫（Kierulf, Theoried. gem. Civilrechts. S.6）、雷格尔斯伯格（Regelsberger, Pandekten. §19, 20）、戈尔德施密特（Goldschmidt, Handelsrecht. I. §35. Anm.18）、斯图谟（Sturum, Recht und Rechtsquellen. S.156.ff.）、吉尔克（Gierke, Deutches Privatrecht. I. §20）等人相继出面补充萨维尼—普赫塔法信说。他们认为，习惯法由精神因素与行动因素构成，习惯则由法信及惯行两者构成，有法信而无惯行时，仿佛有精神而无形体；有惯行而无法信时，则如同有形体而无精神。前者仅为事实，后者仅为精神状态，皆无法独自产生法律，唯有法信与惯行两者间存在因果关系才产生法律。（Windscheid, Pandekten. §15.）

上文中已提到斯塔尔将习惯法之最终效力归因为神，他认为，习惯享有法效的直接原因是法意识（Rechtsbewusstsein）以及惯行之共存，“有后者无前者，则为无意识，有前者无后者，则为无效力”，此二者之关系，恰如罪名成立需要犯意与犯罪行为同时存在。（Stahl, Philosophie des Rechts. II. S.238.）

此外，多数折中论者将习惯比作成文法之公布，如果立法者之意思不公布，则无法称其为成文法，因此，倘若作为民族精神状态之法信不依惯行于外部显现，则无法称其为习惯。恩格曾说："凡法者，必须可从外观得以认识。因此，民族权利信念倘若并非习惯，则不是法。这恰如成文法不公布便不成法。存在某一习惯使某一原则成为法之规则，民族确信该习惯必须成为法律，于是真正法律产生，成为有效规范。因此，所谓习惯法，是民族或部落长期遵循及应用而外现出的权利信念之法。"（Unger, Oesterr. allg. Privatrecht. I. §5.）于是，学者们认为习惯并非法之认知标识（Erkenntnissmittel），而是发生要件（Entstehungserfforderniss）。

因为上述学者认为习惯法之成立需要精神因素与行为因素，故呈现出法信说与惯行说之折中样貌。不过，大多数人以法信为本、以惯行为末，认为法信乃法效之基础，惯行仅为其外形而已。因此，该理论之根本仍是奉行萨维尼—普赫塔法信说。（Vide, Arnold, Cultur und Rechtsleben. S.366.ff.）

齐特尔曼反驳该折中说，一旦将法信作为习惯法效力之基础，那么理论上习惯法便已然存在，惯行不再是习惯法之发生要件，仅成为其认知要件。而且，折中说学者将惯行比作成文法，立法者之意思不公布则非成文法，民族信念亦相同，若无惯行则无法成为习惯法，该点也遭到齐特尔曼批驳，将习惯法视为民族意思（Volkswillen）时，虽然可说若无该总意之表示则无法产生法效，但信念并不需要表示。（Zitelmann, Archiv. f. civ. Praxis. XLVI.S.414.）吾虽不是该折中说之拥趸者，却不赞同齐特尔曼之驳论。所谓法信乃法效之基础，并非指法信自身即为法。唯有在精神基础上叠加物理基础，方才具备法信，这在理论上毫无破绽。况且该法信乃齐特尔曼口中之“正义说”（Gerechtigkeitstheorie），当有人认为某一原则理所应当成为法律之信念，即正义信念（Gerechtigkeitsueberzeugung）时，便相当于认为“理所应当”（Sollen）变为“实在”（Sein）需要惯行。

此外，在齐特尔曼观点中，民族总意需要表示，而民族信念却不需要表示，对于上述二者区别，齐特尔曼并无解释缘由。大概是因为意思与信念虽然都是心意状态，但意思是能动状态，信念是不动状态，有所差别，所以当民族心意状态确定为不动状态时，民族无须等待其他表示来认知该状态，故无理由特别需要惯行。然而，民族并非作为一体来进行意识活动，民族内各成员皆为独立个体，不可能自我认识到自己的法信是否为一般信念之一部分，唯有通过其他成员将其自身心意状态表现为行为，方才可能认识。因此，针对齐特尔曼学说中民族意思与民族信念的两者区别，吾尚未解开疑惑。

关于法信之意义，历史法学派各法曹之观点并不一致。或是确信某一原则就是法（die Ueberzeugung dass ein Satz Recht sei），或是确信某一原则必定是法（die Ueberzeugung dass ein Satz Recht sein solle）。前者乃实在说（Sein），后者乃当然说（Sollen）。萨维尼与普赫塔所言之法信即前者。（Savigng,

System. I. S.146; Puchta, Gewohnheitsrecht. III.S.66.）凡格罗（Vangerow）、贝塞勒等新历史法学派所言之法信为后者。前者认为民族成员确信某一原则即法才产生惯行，法规存在于习惯之前；后者则认为民族成员确信某一原则必定是法才产生惯行，惯行出现后才有法律。因此依惯行说，习惯乃法之发生原因（Entstehungsursache des Rechts），若依历史法学派之法信说，习惯乃法之表现形态（Erscheinungsform des Rechts）。另外，依据新历史法学派之法信实现说，习惯乃法之发生形态（Entstehungsform des Rechts）。法信说及法信实现说都必须以法之观念先存为前提，因此，所谓法信即法并无意义。法信产生法律亦如此。有了法律目的后方才有法信，法信乃法之结果。因此，法信产生法律之说法，是将法之结果当作法之原因。先有法信再有法律之观点，好比先有牛顿之发现才产生了引力。

关于习惯法之起源，无论是采用“法信即法”之一元说，还是采用法信与惯行共同构成习惯法之多元说，两者都将法信作为习惯法成立及存在之要素，因此不可能存在有违法信以及不伴随法信之习惯法规。然而，正如梅因所言：“合理习惯催生不合理习惯。”（Maine, Ancient Law. ch. I.）习惯源远流长，其成立之理由已被全然遗忘，又或因世事变迁，其成立之理由早已消失，却由于思想惰性，令人们附会上其他理由，使得该习惯得以延续，此类情况绝不罕见。在第二种情况中，法信论者或许会辩解，这是法信之更改，之前因理由甲而确信习惯为法，之后改因理由乙而确信，然而，第一种情况极为稀疏平常，惯行者仅单纯因习惯自身而遵循之，并无其他任何信念。假如这种情况也存在法信，那么便等同于一切习惯皆为法，实质上便相当于抛弃法信而采用了惯行说。

第六节　意思说

将习惯法之效力归结为民众意思之学说，即意思说（Willenstheorie）。该学说主张习惯法来自民众全部或者部分企图，构成法习惯之原因的各个行为必须含有将来可产生法律规范之志向。因此，齐特尔曼认为以志向说替代意思说之表述反而更加妥当。（Zitelmann, Zeitschr. f. civ Praxis. LXVI.S.367.）

意思说在习惯法成立要求意识方面与法信说一致，在要求执意方面与法信说不同，在将成文法与不成文法置于同一基础上的方面与承认说一致，在习惯法成立原因的自动心理作用方面与承认说背道而驰。根据意思说，民众作为立法权主体明确表示应令某一原则享有法性时，便产生成文法，默示时则产生习惯法。此外，根据承认说，因全体或部分民众的长期相同行为而产生的习惯被国家或国家机构承认，同时被赋予法效。因此，承认说主张，习惯是针对承认的先存事实，而意思说则主张，习惯是针对意思的后发或同时事实。

意思说中有诸多小分派，若舍小异而取大同，可分为三类：强意说、总意说、合意说。

（一）强意说

认为习惯法来自国民中强者意思的学说便是强意说。譬如上文曾提及，哈鲁姆（Harum, Entstehung des Rechts. S.23. u.35）、施廷琴（Stintzing, Macht u. Recht. S.11, 12）两人主张以强者意思作为法之原力，因此，他们将习惯法之效力来自国民中优势强者之意思视作自然之结果。不过，两人观点稍有分歧，在哈鲁姆看来，惯行者之意思乃多数人或少数优势强者之意思，因此当该意思存有立法志向时，习惯便产生法效，但施廷琴认为“国民中优势强者以其法信制服劣势弱者才产生法效”。

（二）总意说

认为习惯之法效来自民众意思集合之学说便是总意说。譬如阿道夫·施密特曾说：“法乃总意。”（“Das Recht ist Gesammtwille.”）他认为，法之所以常为民众总意，是因为个体均服从一定权力，而非个体直接产生法规。因为民众服从权力者，所以民众总意便表现为命令形式。意思表达有两种方法，直接且明示者通过语言，间接且默示者通过行为，国民表达其总意时亦如此。假如国民以语言明示其法之意思，便产生成文法，若以行为默示其法之意思，则产生习惯法。（Ad. Schmitdt, Zur Lehre vom Gewohnheitsrecht. S.6–8.）

因为意思主义论者以意思作为法之原力，所以必须先解决意思为何可成为规范之问题。所谓规范，乃思想、行为、情绪等为达到其目的而必须遵循之标准或原则。如此说来，自身意思便是针对自身之规范，此说法等同于顺从己之所欲而行动，可谓毫无意义。那么，意思乃法之原力之说法，则必须是法律服从者视角出发的他人之意思。而且，他人之意思既有个人或个体意思，亦有社会或团体的整体意思或部分意思。其中，部分意思还可分出确定之意思与未确定之意思，以及多数意思和少数意思。此外，意思主义论者认为意思之明示便形成成文法，默示则形成习惯法，那么上述罗列的各种意思中法之原力究竟如何，则必须继续追问。假如是个人或个体意思，那么君主、独裁者或立法议会表达之意思自然可成为成文法，然而其意思成为习惯法，则必须赞同承认说。假如将其作为全部意思，即“全员之合意”（consensus omnium）或“总意”（Gesammtwille），那么当全员做出可形成习惯的各个行为时，便带有创制法律之志向，众人的惯行意图产生法则，这在现实中并不存在，仅是为立论而做的假说。

上文已论述，国民之间开始产生一致行为，是由于众人评价商议的一致性，但不可以认为由于存在理所应当之认识，便期待该行为在将来成为规范，更何况意图将其变为法律规范。理所应当之认识与规范之设定之间并非存在必然因果关系。假如习惯法之原力是部分国民之意思，如地区习惯，那么结果便是非主权体之某一地区向全国发布法律。因为习惯法作为国法，无论是一般习惯法还是特别习惯法，两者并无差异。在罗马法的“惯行者之合意”（consensus utentium）中，不仅惯行者（utentes）并无意图产生法规，而且意思论者亦无法解释，为何部分国民作为习惯之行为者，其意思可赋予习惯法效，而且对该行为者以外之人亦产生一般约束力。之所以无法解释，是因为现实中无法做出此类行为。或许对总意论者而言，总意并非等同于个人意思，虽然个人意思中无立法企图，但总意却可转变为立法之意思。齐特尔曼说过，个人意思乃总意之构成要素。（Arch. f. civ. Praxis. LXVI. S.370.）那么个人无立法意思而总意却有此意，岂不是无中生有。

假设退让数步，即便在民众拥有立法权之民主国家，总意可产生习惯法，那么在专制君主国尤其是被征服国，民众之意思不仅不是法之原力，反而不少国家立法时会压制民众意思。上述政体或政况之国的民众既然无法通过明示总意创制成文法，如何能以默示总意来产生习惯法？针对此疑问，恐怕阿道夫·施密特等人只能狡辩，服从便是总意。假如服从便是总意之狡辩成立，在强制服从情况下，便会出现违反全体民众本意之总意。

（三）合意说

认为习惯法享有法性是基于民众共同允诺之产物的学说便是合意说。罗马法曹大都提倡该学说，其中尤利安努斯（Julianus）之观点被载入《学说汇纂》中，因此他被称为合意说第一人。尤利安努斯对习惯法之基础的论述如下：

> 旧习惯与成文法同样被遵守并非毫无道理。依惯行而成者即法。成文法之所以具有约束力，不外乎因为通过民众之判断而得到承认。即便获得民众认可者并非成文法规，理所应当也具有约束力。民众表达意思之方法有投票表达与事实表达两种，两者皆可。

《海默根法典》（Hermogenianus）中亦认为习惯法之基础乃合意，其论述如下：

> 作为旧习拥有制裁力且被多年沿袭遵守之法规，可视为依民众默示约定（tacita civium conventio）而成者，享有与成文法同等效力。（1.35. D. de leg.1.3.）

此外，盖尤斯（Gaius）主张“习惯法乃依合意而被采纳之法”（jus quod consensus receptum est）。（Gaius, Inst. III.82.）乌尔比安认为“习惯法乃民众对永续惯行之默许”（tacitus consensus populi）。（Ulpianus, Liber Singularis Regularum. 4.）《法学提要》（Institutiones）第一篇第二章第九节中对不成文法做如下定义：

> 不成文法乃依惯行制定之法。因为旧俗通过其惯用者之同意（consensus utentium）享有与法律相同之效力。（§9. Inst. 1, 2.）

中世纪注释法学派在论及习惯法之起源时，先认为习惯法之成立基于民众之默示约定（tacita civium conventio），随后有学者改变观点，认为服从习惯之义务如同遵守契约，并非都出自自我意思，时而会违反自我意思，但是团体成员皆认识到应该遵守习惯，即便如疯癫者、愚痴者、年幼者等欠缺表达意思能力者，亦必须服从，因此将习惯之基础等同于契约并不妥当。然而，尤利安努斯坚持习惯之基础在于民众之合意，他的观点被广为接受，该合意指全体民众（consensus totius populi）默示之意思。而且，该合意之主体必须是全体民众，所以民众通过代表表达其意思，也仅是多数人之意思，不足以赋予习惯法性。（Brie, Die Lehre vom Gewohnheitsrecht. §13, 14.）

后注释法学派之学说与注释法学派大体一致，主张习惯法产生的“直接原因”或“最近原因”（causa immediata siva proxima）乃民众默示之合意（tacitas consensus populi），其合意内容是将来令惯例成为法规。后注释法学派常将习惯法之产生与成文法之制定相提并论，因此，即便诸如妇女、未成年人、精神病患者等无立法权之人民的行为是习惯形成过程中的重要元素，上述人的意思并不能构成令习惯享有法性的合意之部分。而且制定成文法时立法体之明示意思采取少数服从多数原则，因此习惯法成立之默示意思也必须由民众中多数人之合意（consensus majoris partis）而定。（Brie, Die Lehre vom Gewohnheitsrecht. §20.）

因为民约论者主张一切法之基础皆为民众之合意，故习惯法之基础亦在合意，此乃理论上之必然结果。至近代，将习惯法之效力归结于合意的学者中，布拉克斯东最为知名，他对优利安努斯之观点做如下评价：

> 在罗马，当自由尚未完全灭迹之时，论述习惯法之法曹皆有如是言论。（中略）英国普通法（Common law）以习惯为基础，可谓英式自由特征之一。该事实之所以是自由之内涵证据，皆因习惯法通过民众之自由合意（voluntary consent）而创始。（Blackstone, Commentaries on the Laws of England. Introduction p.74.）

奥斯丁亦对尤利安努斯之观点做出评论：

该学说将民众作为集合体主权者之行为与民众作为个人之行为混为一谈。民众作为主权团体所创制之法与各个民众作为个体臣民的自发行为因一致性而产生的惯例，两者性质迥异，前者是成文法，而后者必须进一步得到作为主权团体的民众承认方才有成文法之效果。更何况在单一主政体、独裁政体等情况中，民众并非主权者，必然无法创制法律。

不仅如此，奥斯丁还嘲讽了布拉克斯东之言论，指出其身为大家，却有一恶习：

尤利安努斯之奇想，正中布拉克斯东之喜好，于是他便满心欢喜地全盘接受，并且贡献自己的无稽之谈以表达谢恩之意，将优利安努斯之荒诞观点加倍放大。

奥斯丁反驳布拉克斯东之观点，假如民众为主权者时，可认为习惯法之产生基于民众之承认，然而，假如民众并非主权者，民众便无法令习惯法产生。当强行将合意一词最大限度往广义上解释时，单一主政体或独裁政体之国度中，民众因恐惧等服从政府，习惯法也可起因于民众之合意。（Austin, Lectures on Jurisprudence. pp.557–559.）

吾于上文中已阐述，习惯法源自多数人在理所应当之认识上的一致性。然而，认知一致并非合意。认知一致来自独立心意状态之并存，而合意则是心意状态有意识之联合。因此，即便多数人的心意状态处于同一状态，假如其间并无联系，那么绝对不能称其为合意。习惯并非来自多数人有企图的合意，也无法通过有企图之合意产生。习惯乃原始社会中民众尚未发觉意识协同之利，或者契约观念尚未发达之时最强势之统制力，因此习惯与契约互为反作用，随着契约观点发展，习惯逐渐走向衰亡。上述两观念相互排斥，意图以其中一方去阐明另一方，亦可谓为难哉。

习惯与法律终

附录

法信说评论

认为法之原力乃国民之法律信念的观点，便是法信说（Ueberzeugungstheorie）。该学说由德国历史法学派鼻祖萨维尼（Friedrich Karl von Savigny, 1779—1861）首创，并由普赫塔（Georg Friedrich Puchta. 1798—1846）继承并发展。萨维尼于自然法学说如日中天之时在北欧猛然扬起历史法学派之旗帜，反对自然法论者的普遍说。他认为法并非万国普遍适用，而是国民现象，而且他也不接受法之恒久说，因为法并非万古不变，而是有盛衰变化，最后他还驳斥法之刻意创制说，主张法律自然发展论，批判成文法万能说，主张习惯法本体说。该历史法学派勃兴之远因是法国革命失败，其近因是德国普通法法典编纂论。

对历史长达两千余年的自然法学说而言，法国革命乃一空前大试验，革命论者笃信法之恒久性、普遍性、自由创制可能性，完全无视历史、罔顾国民特性，试图一蹴而就、直接实现理想法，然而事与愿违，革命论者之企图最后以失败告终。该前车之鉴极大地促使当时有识之士进行反思，体悟到应重历史、不可轻国民特性。当时德国屡屡遭受法国侵略，日耳曼民族之独立濒临危殆，于是日耳曼民族统一论（Volkseinheit）作为复兴论崛起。1814年，海德堡大学教授蒂堡（Thibaut）发表《论德国普遍民法法典之必要》（Ueber die Nothwendigkeit eines allgemeinen bürgerlichen Gesetzbuches fuer Deutstchland），他满腹激情地写道，假如要在欧洲腹地实现日耳曼民族统一、维持德国独立，那么首先必须实施法律统一（Rechtseinheit），制定德国普遍民法，令日耳曼民族奉行同一法律、享有同一权利。萨维尼反对蒂堡之言论，于同年发表《论立法及法学之现代使命》（Vom Beruf unscrer Zeit fuer Gesetzgebung und Rechtswissenschaft），否认法之普遍性，认为法如同该国语言、风俗一般，具有国民性，法之诞生基于国民之普遍信念（Die gemeinsame Ueberzeugung des Volkes），同时他否认法之恒久性，主张法乃发展之物，而非制定之物。因为法具有国民性，故无法如蒂堡所言，直接基于自然法原理编纂法典，又因为法乃自然发展之物，故无法通过法典编纂实现法律统一。

历史上赫赫有名的萨维尼与蒂堡之法典争论原是法律政策

之论争，但萨维尼在提出非法典论时，将法之国民性、法之发展性以及法之诞生基于国民意识作为立论基础，于是便引发出与自然法学说截然相反的法律本质论。

此后，普赫塔（Puchta）亦在《习惯法论》（Das Gewohnheitsrecht.1828）等论述中与萨维尼相应和。萨维尼于1840年出版《当代罗马法体系》（System des heutigen roemischen Rechts），深入解说上述观点，提出并详论法之原力存在于国民意识。德国历史法学派首倡之法律本质论，吾称其为法信说，下文中将对其概要展开论述。

德国历史法学派并不像神学派那般将法之主体定义为神，亦非自然法学派那般将其定义为个人或人类，而是定义为国民（das Volk）。（Puchta, Institutionen. §10; Gewohnheitsrecht. 1. §133.ff.）萨维尼之原话为："当问及实在法存在之主体为何者、实在法为何等主体而存在时，我们应牢记，其主体乃国民。"（Savigny, System. 1. §7.）他进一步阐明国民之本质，所谓国民，乃一自然团体，非偶然聚集之多数人类共同生活，其间心意相通，通过统一语言来表达其心意相通，且可持续发展。有此自然团体，方才存在法律产生之原点。人类随意或偶然聚集并不具备产生法律之能力。如上文所述，在自然团体里，生者来，死者去，新陈代谢，前后相继，代代延绵不绝，才有过去、现在、未来多数人之结合。（Sacigny, System. 1. §8.）

德国历史法学派将法之原力归结为国民精神（Volksgeist），法律存在于国民的法律信念（Rechtsueberzeugung）中。因此，法之本体乃国民精神状态，其精神状态尚未表现为行为时，已然拥有法性，学者将其称为国民法（Volksrecht）。国民之法信表现为众人持续性的一致行为，便是习惯法（Gewohnheitsrecht）。该法信通过立法机构表达者，便是制定法（Gesetzesrecht）。因此，历史法学派认为法信既是法之原力，亦是法之实质。萨维尼将法信解释为"对法规之存在及有效性的普遍直接信念"（"Die gemeinsame unmittelbare Ueberzeugung von dem Dasein und der Gueltigkeit einer Rechtsregel."—Savigny, System 1. §146.），普赫塔则解释为"法则存在之信念"（"Ueberzeugung von der Existenz des Rechtssatzes."—Puchta, Gewohnheitsrecht. II. S.33.66.）。两人说法虽有不同，意义却相同。他们皆以该法信自身作为法之本质，习惯、学说、判决、法条等仅为其形式（Erscheinungsformen），法不具外形却早已存在。

如今依然奉行萨维尼—普赫塔学说，法信即法之人寥寥无几，有格贝尔（Gerber, Deutches Privatrecht. §28）、泰尔、斯托布（Stobbe, Deutsches Privatrecht. 2 Aufl. S.150）、舒普（Schuppe, Das Gewohnheitsrecht. S.148）等人。斯托布评论惯行说论者将习惯对比成文法之公布的误谬之处，某一原则仅因为长期执行并不是其成为法律之原因，该原则享有法力，是因为该惯行符合该民族的法律信念，因此斯托布认为应当将习惯对比成文法之应用，意图通过德国法律历史证明之。（Stobbe, Deutches Privatrecht. 2 Aufl. S.150.）泰尔认为“习惯法并非来自惯行”，而是来自与正义、权利相关之既存信条、感情或信念，因此，“惯行仅仅是与既存法相关之先例、或法律应用方面之事件，并非因为有习惯便合法，而是因为合法才有习惯”，“一般法信之存在，并非可断言该法规已经应用，虽然没有不被言说之语言，没有不被实施之风俗，却有未被执行之法、即尚未应用之法”。（Thoel, Deutsches Privatrecht. §51, 52.）

由此可知，德国历史法学派之特性有三：法之国民性、法之精神性以及法之发展性。下文将逐一查验上述三个特性是否正确。

一、关于法之国民性观察之批评

历史法学派将法之主体定义为国民，认为法之原力来自国民精神之法信，该学派之学说与主张法乃万邦通用的自然法学派针锋相对，历史法学派学者否认法之绝对普遍存在性，主张法乃相关国民性之存在，承认法与国民特性之间有密切关系，上述观点正是历史法学派之优点，可谓其功绩。然而，历史法学派学者过于看重国民特性，轻视人类共通性，因此，从某个角度看，他们的优点亦是缺点，功绩亦是过失。萨维尼已预测该责难之出现，论述道："每个国民皆是实在法即真正法律之创造者与维持者的观点，在某些将法之产生归结为人类精神而非国民精神的学者眼中，或许很狭隘，然而仔细考察，其实两者之思想并非背道而驰。一个国民所行之事，不外乎人类精神表现为个别状态。"（Savigny, System. §8.）萨维尼此番言论，似乎抛弃国民法信论，转而拥抱人性说。他接着写道："然而，法之产生乃行为，而且是共同行为。因此，共同思考及共同行为不仅有可能，而且唯有具备实现该可能性能力之人可为之。如此思考及行为之共同性存在于每个国民中，因此，真正之法只能于国民中诞生。"由此可知，萨维尼坚定地主张法之国民基础。

将法视作民族精神之表现、以民族作为法之主体，可谓萨维尼所担忧的有失狭隘之说。在萨维尼眼中，民族与国民几乎等同，"国家之成立，最初自然地源于一民族、依靠一民族、为了一民族（Savigny, System. §10），虽然或因征服、分裂等原因，失去民族固有之唯一存在，但此不过是异例，在合并、分裂等情况下，民族依然是国家自然基础，趋同、混合之外族皆同化为原民族。假如此同化作用无法奏效，国家便陷入病态"。（Savigny, System. §10.）若非存在一民族，则无思考与行为之共同性（Gemeinschaft des Denkens und Thuns），便无法成为法之产生主体。虽说如此，但人类构建单纯民族生活期间，其范围狭小，且团体发展极其缓慢，因此无法轻易构成国家团体。因征服、兼并等原因，数个民族融合，方才形成国家，即便萨维尼将其称为“异例”，而历史上却是常例。罗马建国便是最显著之例证。

洛维茨就抱有与萨维尼相左之意见，认为国家无法通过一个种族自身发展而形成，必然需要通过外族征服、兼并方才能够实现。（Gumplowicz, Grundriss der Sociologie. III. §2; Sociologie und Polilik. §24–27.）而且作为单一团体的一个民族无法形成国家，因此亦无法成为法之主体。（Gumplowicz, Die sociologische Staatsidee. §96.）吾认可洛维茨之观点，他并非断言民族绝对无法形成独立国家，而是认为国家之现实起源多来自征服、兼并。或许征服者是小民族，而被征服者是大民族，吞并者是一个民族，而被吞并者是数个民族。若以一国人数计算，一小民族掌握政权，绝大多数之异种民族受到压迫、忍受屈辱、服从法律。此时，是否还可称法律出自民族精神？假如认为迫不得已、忍辱服从法律即表示己所欲，那么这是将人之意思消灭殆尽之诡辩。假如容许此等诡辩存在，相当于虐法酷律之存在亦是法信，废除此类法律便是违反民意。

半开化以上之诸国中，国法由固有法与继受法两类构成，随着人文发展，继受法之分量逐渐比固有法增加，这是法律进化原则之一。假如此理法无误，历史法学派之民族精神论便无法维持。依据历史法学派学说，唯有固有法是法，至少固有法是最纯正之法。然而，舟车之改良、道路之开通，以及牲畜、蒸汽、电气等自然力之利用使得地域、民族、人种之特性逐渐被打破，人类接触交流之范围扩大，取长补短之作用令各国相互模仿优良法制与法规。而且，外法继受减少了法之民族特性，增加了人类共通性。因此，倘若依据历史法学派所言，那么随着人文发展，法律会逐渐失去其纯度，更严格地说，是文化消灭法律。历史法学派如何应对不难预测，他们必定说外法继受来自人民之总意，亦是民族精神之表现。上述回应承认法中存在人类基础，即便继受出自总意，但假如外法继受是文化发展之产物，那么各个民族随文化发展会逐渐接受来自其他民族法信之法，因此国法便失去民族特性。总之，民族精神论在法之起源及其原始状态方面确实包含几分真理，然而却无法成为真正的法律本质论。

二、关于法之精神性观察之批评

德国历史法学派认为法来自民族精神或民族意识，存在于法律信念中，萨维尼、普赫塔等人将法信解释为“法规存在之信念”（“Die Ueberzeugung dass ein Satz Recht sei”）。既然是法规存在之信念，那么作为该信念目标之法规必然先行存在。大众之知识与信念，乃针对目标之精神状态。目标或是物，或是事，我们通过经验对其坚信不疑。人们必是先有神之观念后，方才相信神存在，先有善恶之观念后，方才相信善恶有别，即便上述观念呈混沌之态。因此，在相信法律之前，法之观念必然先行存在。然而，萨维尼、普赫塔等人主张法存在于法律信念中，至于作为信念目标之法规究竟是何物，他们只能解释为它存在于民族固有之一般“必要感”（opinio necessitatis）即法信之中，此外再无其他解说。这便如同鸡与蛋之因果论，鸡生蛋，蛋孵出鸡，由此陷入无穷循环论证中。总之，普赫塔等人提出的法信即法，仅仅因为相信这是法，所以这是法，并无说明为何一种精神状态可产生法信，该学说终究只是一独断之观点。齐特尔曼曾评价“该法信说仿佛从天而降”“是一种自然法学说”（Es ist eine Art Naturrecht）。（Zitelmann, Archiv. f. civ. Praxis. LXVI.）齐特尔曼言之有理，不可将其视为过分批评。

德国历史法学派将法视为民众之总意，主张法之形成分为三期：习惯法体现直接立法时代、法曹法体现代表立法时代、制定法体现间接立法时代。依据该学说，法律必须与民众之总意相一致，法曹作为民众法信代表者，其学术判断必须是总意之缩影，立法者乃法信之机构，其制定的法规必须是总意之化身。如此果真能够描绘出法之真相吗？

关于习惯法是否为总意之表现，吾拟于他日另作论述。至少可说，习惯法乃众人意思之表现。关于法曹之学说，甲乙丙丁各执己见，依见地之异同，学派林立，固执己见，各不相下，此番场景颇为常见。各自观点水火不容之法曹，个个皆是总意之代表？倘若不是，那么历史法学派如何从中选出民族精神之代表？该学派认为法曹为法信之代表，并无出示任何代理委任状。

立法者中或许有实施专制君主制之个体，亦有独裁制、君主立宪制、民主制之个体。个体或少数人团体发布之法令，或会违反民众之总意，此处自不必赘言。在立宪制或民主制下，若非普通选举法，立法议会并不完全是体现总意之机构。各个法令乃民众间或政党间争议、妥协之结果，或是立法议会中少数服从多数之结果，皆非罕见之事。而且，立法议会中之多数，与民众中之多数并非一致。少数服从多数下产生之法规，有时亦会与多数民众之希望截然相反。历史法学派是否有勇气承认上述法规因为违反民众总意而属非法？

有时立法者或以法令创制民众未曾想象之事，在立法者与普通民众的认知之间存在鸿沟，或是社会发生剧变之情况下，不少法令皆属于上述此类法令，例如日本维新以来颁布的法令。其中，即便表现为民意的自治制，在日本亦是立法者效仿英德等泰西诸国法制，向建国来已习惯他治、从未奢望过自治的国民颁布，当时发布之官报中附有教导式详细说明（明治二十一年法律第一号），民众方才得知何谓自治，实施以来已近二十载。纵然是虔诚的历史法学派拥护者，亦难说日本的市町村制乃国民法信之表现。

法信说之错误，通过法规中存在并非源自法律信念的部分便可得知。黑格尔所谓之“实际做决定时必要之俗世规定”，便属于此种类。（Hegel, Philosophie des Rechts. §3.）譬如与期限相关之规定、与法律行为形式相关之规定之所以产生，并非因为存在民族法信，而是因为习惯或者立法者之自由考量。时效期限究竟十年还是二十年更为恰当，并不一定事先需要民众有相关信念。在这一点上，法信即法论并无法贯彻，萨维尼亦承认，性质上相对不必要之法规确实不少，无论这些法规如何，必然存在一定规则且被周知，法规方才产生，在这样的法规中，惯行乃“公共产生原因”（Mitwirkender Entstehungsgrund）。（Savigny, System. §12.）信奉萨维尼—普赫塔学说的泰尔亦承认，此类法规不可以法信说进行说明。（Thael, Handelsrecht I. S.46.ff.）他的这番自白证明了法信说毫无根据，并不是承认原则存在例外，而是从根本上颠覆原则。法信即法说彻底主张法之精神存在，惯行仅是认识方法，一旦允许某种法规来源于惯行，该学说便失去可以说明其他规则为何不可因惯行而产生之根据。

由是观之，历史法学派之总意说仅仅是专断之说，其法源论亦仅为假说。法之实质并非总意之表示，法之效力并非来自总意。总意说主张者中有人不吝于坦白该学说之误谬，无论是否有意为之。普赫塔曾说："法律一旦制定，其法规效力实际上并非通过审查是否与民意相一致来决定。倘若要做此审查，必然得存在比立法者更为强大之权力，假如果真有此权力，该权力者亦是立法者，那么该权力者亦产生同一问题。因此，一旦法令依宪法而定，无论其内容如何，因其发布之形式即为总意，具有效力。"（Puchta, Das Gewohnheitsrecht.）这段自述岂不是从根源上颠覆自家学说？

布伦斯对历史法学派之批评颇为恰当。他承认，将法律视为民族法律意识之观点，与认为法律乃立法者个人随意创制之观点相比，确实有显著进步。然而，历史法学派仅观察法之常态，并未涉及其异态，因此不可将历史法学派之学说当作一般命题。立法者并非都是民族精神及民族法律意识之保持者，他们因征服或篡夺等原因掌握政权，颁布违反民族精神、损害其法律意识之法令的历史并不罕见。倘若因为国民忍辱接受并服从该法令，便得出该法令基于民族法信之结论，这完全是"无意识价值之诡辩"。总之，历史法学派之误谬在于"并未区分构成法规内容之物与法规形式效力之间的区别，直接将民族法信等同于现实中的法律。"（Bruns, Das heutige roemische Recht. §5. Holtz. Encycl.）

德国历史法学派丢弃法之认识可能性，随之忘记法之规范。

他们主张法在精神上之独立存在，将习惯按其字面理解为徒具形式，并不将其视为法律必要构成部分。因为法律存在于习惯之前，因此法律团体中成员应遵守之行为标准唯有一般法信，再无他物，萨维尼对此法信如此解释：“不可认为法律之产生是由于民族各个成员之随性心意。即便个人之随性心意皆希求同一法律，但大多数人却各有不同选择。可令实在法产生者，唯有各个成员共同拥有之民族精神。因此，法律在各个成员意识中别无二致。”（Savigny, System. §7.）倘若依此观点，各个成员心中皆有标准，那么各个成员如何识别自己的法信是随性，还是符合一般法信？

耶林如此评价法信说：历史法学派之法泉，足不可至，目不可视，从万仞之深的地底喷涌而出。如此深不可测的法源秘密阻碍了探险之旅。纵然向历史法学派寻求说明，他们亦常以民族精神、法之感觉等词答之，其余烦劳一概避之。因此该派学者主张之“发生说”宛如学术上之催眠枕（“Die Emanationstheorie ist das Faulkissen der Wissenschaft”）。倘若想唤醒他们，告知其事实真相，令其醒悟，知道该学术幻影如何欺骗他们，那么就必须先夺走该枕头。（Ihering, Entwickelungsgeschichte des roemischen Rechts. S.13.）

齐特尔曼否认历史法学派所谓的“一般法信”（Allgemeine Rechtsueberzeugung）之存在，历史法学派认为“法信乃大众之信念，并非个人之所信”，因此该法信并非每个个体心意之总和，而是与民众个人信念不同之“共同心意”（ein psychisches Gesammtphoenomenon）。其实所谓确信，乃决定性状态，仅可通过自觉而获知其存在，因此，本质上，个人之精神状态无法与其躯体分离。假如将其视为共同心意，则必须存在一个作为主体之共同体。齐特尔曼认为将民族视为共同体不过只是比喻，他提出疑问，揶揄反对者：“支持共同信念之脑髓究竟在大脑何处？”（Archiv f. d. civilistische Praxis Bd. 66. S.419 ff.）上述言论稍稍有奇矫之弊，但历史法学派所谓的一般法信确实缺少可认知的确定标准，因此无法将其作为法之集体成员之规范。

吾认为在法律进化方面存在无形法，因此并非绝对的法规形态才是法之存在要素，然而，规范认知之可能性却是法之存在不可或缺之要素。历史法学派学者驳斥自然法学派之普遍性学说，主张法之国民性，反对恒久性学说，主张法之发展性，即便该学派之观点有失偏颇，但其功绩亦不可淹没。但是，历史法学派之法源论却无历史性，毫无理性、人性，不得不为其惋惜。正如施瓦纳特所言，人们之所以称其为历史法学派，仅仅在于他们反对法律来自理性或法律乃任意之创制物的假定说，主张法乃国民生活之有机发展。（Schwanert, Gesetz u. Gewohnheit. S.12.）

三、法之时间观察相关之批评

德国历史法学派与静态观察法律的自然法学派不同，他们动态地观察法律，认为“法无绝对静止状态”。（Savigny, Beruf. 2.）他们反对自然法学派的恒久说、不变说，主张法具有变迁性，这些都是历史法学派之贡献，虽然该学派之学说往往无历史性，但依然获得历史派之称号，就在于此。人们对其之考究主要有以下两点，即法律是否只具动态而无静态？法律自发产生（Werden），抑或人为创制（Machen）？

关于第一点，历史法学派学者往往各执所见，但代表者萨维尼等人急于阐明法之变迁、发展，遂遗忘其恒久性。虽然该学派承认法随时间、地点变化而异其形，但与自然法学派所不同之处在于，他们认为所变者唯有法之形态、法之状态。法律之千态万状中自带恒久不变之元素，如人类，即便人种、民族、国籍、肤色、体格、样貌、性情各异，却仍具共性，法规之异同、变化仅是法之形态变更，并非本质之变化。

能量可成为热、成为光、成为运动，因此不可说能量中无共性。法之势力亦随社会变迁呈现种种变形，因此不可说法中无万古不易之共性。法律从潜在势力状态转变为当下势力状态，从习惯法进化至成文法，不过皆是法之形态的变迁。世上有杂婚法，亦有定婚法。定婚法中可分出一妇多夫、一夫多妻、一夫一妻，数法或是并存，或是连续交替，但皆是男女婚姻共同生活之规定。世上亦有村落共产、个人所有权以及社会共产，无论何种，皆是生活物质资料相关规定。即便法规因社会状况、时代之变迁发生改变，也仅只是社会力状态之变化，并不能将其视作法律无静态因素。

关于第二点，萨维尼反驳蒂堡之法典编纂论时，将法律比作语言，主张法并非创制之物，其自身会发展，乃“有机发展”（organische Entwickelung）之物。耶林挑战历史法学派此观点，他发表《为权利而斗争》（Der Kampfums Recht）一文，其目的在于效仿萨维尼之《论立法及法学之现代使命》，半为政治半为学理。其政治一面在于他临别维也纳大学时意欲振作奥地利人之权利观，其学理一面则为指出萨维尼—普赫塔法律起源论之误谬。他反对历史法学派主张的“法之有机发展说”，亦反对法信几乎出自无意识而非刻意表现之说法。他认为意思力乃法之起源之要素，即便法之目的很平和，但达到目的之方法是战斗，法律因斗争而生，因斗争而存续，因斗争而发展，并非如历史法学派所言，法律于无为中自然发展，萨维尼将法之发展等同于语言之发展，并非恰当比喻。

耶林又在其著作《罗马法发展史》（Entwickelungsgeschichte des roemischen Rechts）中，极力驳斥历史法学派之法律发生论，主张刻意创制论。耶林之观点如下。

主张法律于无意识中自然发生之学说，其立论根据乃原始时代之法律，该法律是否为习惯法，历史并无法证明。在历史早期既已完成之法律出现在大众眼前时，已然是当下状态，并不足以展示其原始形成之方法。我们不可将无法证明法律乃创制（Machen）之事实作为赋予我们推测法律乃发生（Werden）之权利。我们虽无见证房屋建设过程，但可知房屋建成之事实。有史时代在展示习惯法形态上法之无意识发生作用之外，无疑还可展示法之有意识、有意图之创制作用，我们岂能断言有史之前法律仅有发生作用？假如我们意图对抗发生论，主张有史之前仅有发生作用，那么终究只会陷入死循环争论，双方皆无法提供足以令对方屈服之证据。然而，我所论述者，乃基于有史时代之事实类推得出，由确定事实推论不确定事实，而且并非断言如此便确凿无疑，而是有此可能而已。萨维尼过去亦相信，以类推论法可证明法之无意识发生说。他将法比拟为语言，从语言完全于无意识中发展形成之事实类推法律之情况。然而，我已于《法律斗争论》中论证，萨维尼忽视了法律与语言之根本差异。倘若使用类推论法，并不应该由语言推论法律，反倒由有史时代之法推测史前之法则更胜一筹。假如鞋不适脚，人们知道要修之，或另做新鞋。远古人类所行岂有与其相悖之理？经验一旦教会人类杀人、盗窃会危其自身生存，人类岂会袖手任受灾害侵袭？必会同族相谋、同心协力、千方百计阻止侵害发生。至此，禁止杀人、盗窃之法规实际上被人们亲手创制。

我再假一例以资说明。有一路通向深林荒野中，其道人人皆可行之。此道并非建成，而是形成，乃数千人逐次踏踩而成。如今道路成，全由踏踩夯实而来。当初尚未有路，人们搜寻通行方向后，方才得此路。在发现最便捷之近路前，须得数次试探。有众多荆棘须斩除，有众多沼泽须排水，然后众多行人踏而过之，道路方才得以巩固，使得今人不再苦其路而行之。实际上先人对欲为之事有所意识，因此道路之起因并非众人无意识之漠然冲动，而在于各人有意识之企图之中。令众人忽略自身注意力者，正是发现道路之众人。习惯法当比拟此道路。两者呈现今日之状态，皆是众人共同作用之结果。倘若没有众人连续坚持同一行为之习惯，世上便无习惯法。习惯法亦因各人以自身行为使之固定方才具备效力。

为何众人固守习惯法所示之道路？因为一旦习惯成自然，人们便不再过问其原因，在如今习惯法状态下引导众人者，其实是历史法学派所谓之“必要感”（oponis necessitatis）。但是，倘若由此得出结论，认为实施某一行为之第一人，即习惯法道路之发现者亦是被此必要感驱使，则未免过于草率。众人与道路发现者一样，能充分意识到自我行为之目的。我已目睹许多事例，一个杰出个人有意识、有企图的行为会给社会某一个风气之形成带来何种巨大影响力。（Ihering, Entwickelungsgeschichte des roemischen Rechts. S.14.）

萨维尼之自然发生说与耶林之可以创制说围绕法之起源可谓针锋相对，观点截然不同。然而，依吾所见，两者不过是本末之争，并非水火不容。假如萨维尼之有机发展论论述法之本质原因、耶林之有意创制论论述法之形态原因，那么二人所争论者，则是罗马神话中两面神雅努斯之前后两副面孔。社会产生法，源自组成该社会之人类作为个体生物特有的有机组织之间的相互关系，因此，耶林认为法之产生乃有意识、有企图，或者有争斗之“作为”，乃忘本而逐末。然而，有机力作为法之原力，其具备规范状态，多因人类之经验，因此，从形式上观察法时，至少可说法是由于人们有意识、有企图或者在斗争中之所为而产生。

世上有婚姻法，只因人类有性爱；有亲权法，只因人类有亲人；有所有权法，只因人类有生理新陈代谢或心理欲求；有刑法，只因人类有重视生命、身体、名誉、自由、财产之惯行。因此，法之产生的质料性原因，可谓具有自然性。可是，一旦人们经历过感情或欲求之冲突导致灾难，或者体会到将感情、欲求约束在适当范围内带来利益，便会思考其他某些规范应当适应生活之需要。于是，数年甚至数代，多数人之行为产生一致性，逐渐形成习惯法规，或者立法者创制出成文法规。因此，若论及法规之形态原因，至少可说是有意识性，然而，其意识亦源自自然原因，所以，假如必须从上述二人之观点中择其一，作为法之起源相关的学术解说，吾宁可选有退婴之弊的萨维尼，也不能赞同有进取之利的耶林。

明治四十一年三月

《法学协会杂志》第二十六卷第三号刊登

原力论断篇

一、泛神说

所谓神意说，无论是直接启示说还是间接启示说，皆基于超然神论（Transcendence），将神与世界区别看待，主张神之超然存在。而泛神论者则与之相反，主张神之内化，世界与神相即不离，世界即神之显化，因此，法亦是神性之表现。在古代哲学中，对法律思想产生巨大影响之斯多葛哲学派认为神与世界之关系等同于灵魂与肉身之关系（Ortloff, Einfluss der stoischen Philosophie auf die roemische Jurisprudenz. 1797；法理论丛第一篇，户水宽人博士著《斯多葛派哲学与罗马法》)，并将宇宙灵魂称为“逻各斯”(λόγος)，宇宙秩序理法正是“逻各斯”之显现，作为斯多葛派之实践伦理原则的“顺应自然”，即意为顺应“逻各斯”。因此，斯多葛哲学派信奉泛神论，主张万物之理法皆是“逻各斯”之显现，法之原力亦是此宇宙灵魂。盛赞斯多葛哲学之克利西波斯(Chrysippus)对法之性质作如下阐述：“一般法乃万物共通之正理，等同于宇宙主宰者宙斯(Zeus)。”该言论就是根据泛神论所得出法乃神性之表现的结论。

中世纪以后，以泛神论作为法理论基础之学者中，斯宾诺莎(Spinoza, 1632—1677)最赫赫有名。他认为宇宙只有唯一一种绝对无限之本体，即神。而且，该本体(substantia)具有两种属性(attributa)，即思想(cogitatio)和外延(extentio)。本体通过该属性具备知觉之目的，而且从该属性中产生形态(modi)。所谓形态，乃无限绝对之本体于各种状态下的限定形体，好似海洋之波涛。因此，宇宙万物皆是该唯一之本体即神之形态。(Elwes, The Chief Works of Spinoza. Introd.)斯宾诺莎之所以将自然法视为神性之显现、将自身自然拥有之力(potentia naturae)视为权利，皆因其观点基于泛神论，主张万物及个人乃神之本体的形态。

二、造化说

神乃宇宙造物主，因造化之计划，故国有法，上述观点总称为造化说。原始信仰中盛行分工造化说，因某些神秘传说，譬如神创造某种族、某国度或某事物，以及根据人种、地区、事物种类之区别，各个造物主各司其职。当该种族或国度乃神之创造时，其法亦是造化之部分，于是自然得出法源来自神意之结论，可见造化说盛行之多神时代已然存在法源在神说。

当信仰形式逐渐发展，从多神教演变为一神教，主张宇宙由唯一的神创造时，法源在神论亦产生统一倾向，法乃宇宙创造宏伟计划之一部分，因此万世永存、万国通用，是唯一之神法（Jus Divinum）。

与神之属性相关的信念相信神乃造物主，或者神具有无所不能之超自然能力。于是，信奉神乃宇宙创造者之信念自然催生出神乃世界主宰者之观念。因为神主宰世界，所以人类及国家受神支配，国法之所以存在以及施行，亦基于神意。

神乃造物主之信念相伴之产物，便是神乃人类保护者之观念。因神创造了人类，故为了爱护其造物之结果，神创制或者令人创制出法。

神无所不能之信念还造就出人类必须服从神意之思想，同时，神会在人间降福降祸之信念导致人们相信法律制裁来自神意。因此，倘若人们将神之属性视作造物者或全能者，大体上亦会将法之原力归结为神性或神意。

在古希腊哲学家中，便有人主张法源在神说。赫拉克利特（Heraklitus）曾说过："人法依神法而成。"阿契塔（Archytas）亦认为神法与人法拥有同一基础。诡辩派反对上述观点，认为正义并无人为且确定之基础，由具备统治才能者随意裁定。苏格拉底反驳诡辩派之言论，提出国家并非人为，而是神创世计划之一部分，因此尊重、遵守法律乃人之义务。（Raumer, Geschichte Entwickelung d. Begriff v. Recht, Staat u. Politik. S.3.）即便遭受厄运，亦须躬身实践、确守遵法之德义。狄摩西尼（Demosthenes）亦主张法乃神创之物，"人人有多种理由必须遵法，而最大之理由，当数法为神所创，乃神赐予人类之恩典"。（Pulszky, Theory of Civil Society and Law. §189.）

西塞罗（Cicero）亦屡次论及法乃神意之表现。关于法之起源，他认为"法并非始于文字有所记载之时，而是与神之心意同时发生"。（Cicero, De Legibus. II.4.）关于法之本质，西塞罗认为"真正至高无上之法，乃上帝朱庇特之正理，是神之命令或禁令"，"法乃来自神意之正理，命令人类遵守，禁止人类反对"。（Phil. XI.12.）

欧洲中世纪思想基于统一主义，认为宇宙间存在唯一精神，宇宙是受唯一法则支配之有机体，宇宙与其他事物尤其是人类之间存在关系紧密之相似性，后者乃宇宙之缩影，谓之“小宇宙”（Microcosmos），而前者则被称为“大宇宙”（Macrocosmos）。因此，当时学者将全体人类甚至每个国家、个人都视为宇宙之缩影，在唯一真神主宰下可获得和谐统一。（Gierke, Johannes Althusius. S.60.et seq.）作为“小宇宙”之国家及教会亦应效仿“大宇宙”，实施单一君主统治，君权神授，其统治乃神统治宇宙之缩影。但丁（Dante）之《论世界帝国》（De Monarchia）便是基于该主义，国家乃“小宇宙”，唯一主宰者应支配之。由奥古斯丁（Augustinus）首次提出、多马斯·阿奎那（Thomas Aquinas）继承并发展之统一主义（principium unitatis）亦是基于上述思想。

虽然世界之统治分属国家与教会两大权力，但在其之上存在宇宙主宰者，即神，神统一上述二者，这便是统一论（argumentum unitatis）。该统一论导致政教二权产生纷争，当要论述君权神授论时，此乃无法回避之事实，吾将在此详述之。然而，该纷争并非仅限于权力间之倾轧，亦涉及权力渊源之问题，帝王权力究竟来自直接神授还是间接神授。同时政权间接神授论者之学说亦分裂为两派，一派认为帝王通过法王接受其权力（mediate Ecclesia），另一派认为神赋予人类理性，人类通过该天赋理性组建国家，因此帝王通过人民从神手中接受政权（imperium a Deo et tamen a homines）。（Occam, Dialogus. III.）

维多利亚（Victoria）主张神赋予人类社交性，因此国家之基础乃自然法即神性（a jure naturali, ergo a Deo），国家权力亦是该社交性之结果，必须由人民将其让与君主，国家权力来源于自然法即神性。（Relectiones Tredecim. Nr.4.）索托（Soto）亦主张教权乃直接神授、政权为间接神授，神赋予个体自保权，并赋予社交性以实现该自保权，人类因该社交性组建国家，定其政体，并具有将政权让与君主之悟性。因此，"国权之设定基于神意。君主之定立并非由于政治团体之创始，而是基于神赋予人民之性质"。（Soto, De justitia et de jure. 1602. I.）

此外，苏亚雷斯（Francisco de Suárez）主张主权来自基于神作为造物主（primus auctor）赋予人类之理性的自由合意，因此，君权直接发端于人民、间接来自神。因此，法律之原力来自理性，该理性来自天赋，故法之第一源在于神性，国家及法律之存在乃造化大计划之一部分。

中世纪神权法律哲学派中最赫赫有名者，当数奥古斯丁（Augustinus. 354–430）。他发表《神国论》（De Civitate Dei），在国家及法律方面提出最为雄伟之学说，他将宗教政治置于哲学基础之上，大力扶植罗马法王之现世权力。奥古斯丁主张神国三界论，世界虽为一大神国，但现实中有三界之别。第一界为"天上神国"（Civitas caelestis），上帝自以大慈悲心统治，施行恒久不变之法，存在神性正义。第二界为"地上人国"

（Civitas terrena），人类以强制力统治，施行人为制定之法，存在人性正义。第三界为“地上神国”，即罗马教会，介于上述两界之间，在下界模拟天上神国，并身负天职，专渡“地上人国”之无信仰者及外教教徒，使其抵达神圣领域。所谓国家及法律，原本便是由于人类因原罪而堕落所必要之秩序，即“不得已之恶事”。因此，国家、法律乃一时之存在，随真正神国复兴而消灭。在该时刻来临之前，“地上神国”罗马教会必须统治国家。

中世纪神学派法学者中，知名度仅次于奥古斯丁者，当数托马斯·阿奎那（Thomas Aquinas. 1225—1274）。他于著作《最高神学》（Summa Theologiae）中将法一分为三，分别是永久法（lex aeterna）、自然法（lex naturalis）、人定法（lex humana）。永久法乃存在于统治万物之神意中的大原理。自然法乃适合具备天赋理性之人类的永久法，依该法可分善恶。（secundum quam bonum et malum discernunt.）人定法系人所创制，将自然法之原则适用于某些特殊事实中。（lex ab hominibus inventa, secundum quam in particulari disponuntur quae in lege naturae continentur. —Summa Theologiae. I.）阿奎那虽然将法分为三类，但自然法是永久法之一部分，人定法是自然法之应用，如此一来，三者之区别并非对等关系，而是从属关系。因此，自然法与人定法皆是永久法即神法之应用而已。

巴贝拉克（Barbeyrac）在普芬道夫（Pufendorf）著作《自

然法论》之注释中论述法之约束力之基础，并将其归结为造物主之神性，他认为遵守法律之义务等一切针对人类之约束力的基础在于神恩准人类存在这一事实上。正因为神创造出人类，人类自然应当接受造物主之统治支配，服从神意。一人对他人下达命令、他人服从，仅仅是因为命令者之权力符合神意，否则不应称其为正当权力。因此，一切正当权力皆基于神意。（Le Droit de la Nature, par Pufendorf.trad.par Barbeyrac. Liv. I. chap. VI. §XII.n.2.）

中世纪神学法理论可分为神性法源说与神意法源说，在经院哲学者（Scholastiker）中，实在论者（Realist）认为自然法之基础是基于神性之悟性（intellectus），而非神意，神自身并非立法者，而是赋予人类理性，使其能依据理性获知正义之原则，因此自然法是指示法（lex indicativa）。唯名论者（Nominalist）与之相反，认为自然法乃神意之表现，即示命法（lex praeceptiva）。至十七世纪，格劳秀斯（Hugo Grotius.1583—1645）提出理性法论，认为法之基础在人性，即便假设神存在或神统治人类（et si daretur ... Deum non esse aut non curari ab eo negotia humana. —De Jure Belli ac Pacis, Proleg），世间亦应当存在基于人类理性之法。他将自然法基础从神性论转变为人性论。自此，理性法主义之自然法学说随民权发展逐渐支配精神界，于十八世纪后期达到巅峰状态，其教义最终成为法国大革命之动机。

法国大革命试图依靠人力改造社会，即刻实现自由、平等、博爱之理想状态，却最终演变为史上空前大惨剧。此次事变强烈刺激了当时思想界尤其是政治家、法学家，特别是革命论者之观点出现本质误谬，体现为无视历史与过度信任人之自由能力，因此以失败告终，其结果竟促成历史法学派及宗教法学派之勃兴。前者鉴于革命论者无视历史之失败而得以发展，后者针对过度信任人之自由能力而崛起，通过批判革命论者妄图以人力建设理想社会之观点，主张国家及法律乃基于神意的造化大计划之一部分，并非人力可为，革命论者是以人之身份觊觎神之领域。

因反对法国大革命而崛起的近代神学法理学派中知名度最高之学者，当数天主教派的约瑟夫·德·梅斯特尔（Joseph de Maistre. 1764—1821），以及新教派的斯塔尔（F. G. Stahl. 1802—1861）。其他诸如弗里德里希·施莱格尔（Friedrich Schlegel）、斯蒂芬斯（Steffens）、巴德尔（Baader）、亚当·穆勒（Adam H. Mueller）、卡尔·路德维希·冯·哈勒（K. L. v. Haller）、雅克（Jarcke）等人皆反对法国大革命，主张神意法源论。

约瑟夫·德·梅斯特尔痛斥当时的国家论以及法律论以人为基础，将人类视作不羁独立之存在，法国革命为何以失败告终，皆因人类作为造化之物却大胆僭上，自拟为造化主，迷信国家及法律可随人意自由创设改造。人类本就是造化之物，国家及法律乃基于神意的大秩序之一部分，因此人类应当先抛弃自主自治之念，一心服从神意，为政立法时必须基于神法并遵从之。（Considerations sur la France. 1806; Essai sur le principe générateur des constitutions politiques. 1810.）

斯塔尔之观点以神之人性化存在为起点，因神乃原始之存在（Das Ursein），故为万物之大原因。宇宙中因果关系亦皆是神之世界计划（Weltplan）之表现。而且神之世界计划中，人类不仅只以个体存在，亦以集体形式出现，因此于道义（Das Sittliche）上有个体道义（Einzelethos）与集体道义（Gemeinethos）之别。个体道义乃人类于自身或对他人及集体应遵守之道义，即伦理。集体道义乃针对集体之道义要求，展示出集体应遵守之义务。虽然神国并无上述道义区别，但在人类因原罪而堕落之现况中，不应期待道义完全实现，故不得不以强制力来维持道义。然而，现实中无法依靠强制力令道义悉数实现，因此仅限极端必要之情况下方才以强制力设定界限，令人类不至于误入歧途。设定界限之规定，便是法律（Grenzregulirungsprincip）。因此，斯塔尔认为因人类堕落必须以强制力维持道义，故产生国家及法律。而且法律并非由神直接设定，而是人民以国家集体形式设定。然而，“创设法律并令人类敬畏承认法律之终极原因，乃神所拥有的世界秩序之力。此世界秩序之力驱动人民及官吏，令其制定多少可调和其秩序之规范，因此众人认识到该规范正确且合理，必须遵守”。因此，“法律具有约束力、为人所敬畏之终极基础，在于法乃神的世界计划之一部分”。（Stahl, Philosophie des Rechts. 3. Auf. S.233–242.）关于人类背负原罪而堕落是否亦源自神之造化计划，斯塔尔并无说明，仅主张法律在此堕落现状中维持道义是神的世界计划之一部分。

与萨维尼齐名的德国历史法学派鼻祖普赫塔提出法之超历史性起因，可谓剑走偏锋。普赫塔认为法存在于人类意识中，于法信中产生，其意识亦是神赐予人类，因此“法乃神之秩序”（Das Recht ist eine göttliche Ordnung），法则可达人类意识之中，或因超自然之天启，或因人类精神中自然存在之感受及冲动。以此观之，普赫塔主张法乃国民法信，指出了法之直接原因，法之根本原力在于神。（Puchta, Institutionen. §10.）

沃尔特是最近主张神学法理论之人。依据其论述，法律之基础乃人类固有之权利感及良心，权利感及良心希冀各人之行为以及社会诸多关系合乎正义。正义乃道义层面之世界秩序。权利感及良心是神赋予人类之“心眼”（Die Augen des Geistes），通过“心眼”可认知上述超感官之世界秩序。“因此，法律以及正义之终极基础乃来自神性的道义世界秩序的法则。人类通过良心这一机能认识到该世界秩序就是神意，具备超人之势力。”（Walter, Naturrecht. S.60.）

爱丁堡大学教授洛里默乃当今提倡造化主义之法源在神论学者中最知名者。他认为实在法第一源即自然法（Lorimer, Institutes of Law.Book III. ch. I），自然法之第一源即神。“神作为造物主乃万物唯一本源，乃自然法之第一源。”而且神之属性即万能性以及完美性（omnipotence and perfection）。因为具备万能性，神具有造化力，是万事万物存在之第一原因，可成为法之本源。因为具备完美性，神意可成为法之标准。神意之启示方法可分为直接启示与间接启示二类，直接启示有：神直接传授人类，诸如摩西十诫；神通过预言家传授给人类，诸如穆罕默德；神特别通过圣贤传授人类，诸如苏格拉底。间接启示则是人知晓神意之普遍方法，既存在主观性亦存在客观性。所谓主观启示，即人可通过良心获知神意。所谓客观启示，则是通过观察外界而获知神意。（Lorimer, Institutes of Law. Book I. ch. I.）

最近有学者以精妙之论法大力主张造化主义之法源在神说，此人便是法国的瓦雷耶斯。他将法进行分类，“由根源观察法律时，可将其分为神法与人法。前者由神直接制定，后者通过神自然或超然地授予权力，由人类制定”。瓦雷耶斯还将神法细分为自然法与神授实在法（Lois positives divines）。所谓自然法，乃神赐予人类本性之必然结果，是可依理性而认知之法则。所谓神授实在法，即创世以来神启示之法规。神授实在法中，在基督降世之前已有启示，被记载于旧约全书中之神法，被称为“旧法”（lex vetus），诸如摩西十诫；作为基督以及教徒之教义存在并被记载于新约全书中之神法，被称为“新法”（lex nova）。而且神法与人法之渊源皆发端于神意。“无立法者之法可谓无意义之词。神不仅是神授实在法之唯一立法者，亦是自然法之立法者。神点亮人类理性之光，使其能够通过理性从事物本性中悟出自然法则，进而公布自然法。”因此，瓦雷耶斯得出结论，虽然名义上是自然法，但一切自然法均由神制定、公布。倘若法律并非如神意般全智全能、来源于超越一切造化之大威力，那么人们便无法获知法规于伦理上约束众人之必然基础。（Vareilles-Sommiéres, Les principes fondamentaux du droit. II-V.）

三、强力说

法之原力乃强者之力，法之所以产生、存在，以及对民众具有约束力、可规范其行为，是由于优势强者控制劣势弱者，这类学说便称作强力说。主张该学说之学者认为国家是强者统治弱者之形式，强者控制弱者乃自然定律，无法以人意违逆。（Jellinek, Das Recht des modernen Staates. II. Kap. VII.）因此，众人服从国权恰如众行星在太阳引力下沿轨道绕日运行，人类凭其自身悟性可知强者之力即不可违抗之自然力，进而服从之。

强力说早在古希腊时代便由诡辩学派提出，近来又被本邦加藤弘之博士加以弘扬，在发展期间强力说以种种形式出现。诡辩学派学者（Sophists）主张国家及法律因强者而存在，此观点可由柏拉图的《高尔吉亚篇》（Gorgias. 482）以及《理想国》中得知。在《理想国》中，特拉西马库斯（Thrasymachus）与苏格拉底讨论正义，他提出“正义乃强者之利益”，强者手握政权，为自身利益创制法律，任何不利于自身利益之行为，皆为非正义且非法，因此无论在何种政体中，作为法之基础的正义便是强者之利益。（Rep. I. 338, 339.）

欧洲的中世纪属于国家发展史中的过渡时期，希腊进步开化之市民国家早已衰败，罗马进步开化之世界帝国亦已崩坏，近代的国民国家尚未出现，当时群雄割据，形成封建势力，上至诸侯伯爵下至下士庶人，建立起等级分明的主从关系，并在此基础上形成群体，封土、采邑不过是其主从关系之附件而已。因此，国家体制尚未完备，诸侯相斗，强者吞并弱者，或通过婚姻、继承、同盟等方式数族合并，或因十字军及内忧外患等原因，小国顿失势力，为免灭顶之灾归顺于大国。至此，大国势力倍增，若干小群体依靠征服、兼并逐渐形成大团体，其结果便是人与人关系改变，成为区域性团体。因此，政治关系之联系亦随之改变，无法继续维持旧有之臣服盟约，必须寻求其他强大向心力来取代之。该向心力自然便是君主之实力，虽说如此，所谓实力，会因主体之勇武、德智而有张有弛，因此，倘若不用理论根据加以保障，便无法长久维持君权。因此，从最初基于神学理论之君权神授，至后世出现并不基于神学之独立政治论，这一系列变化，可从意大利马基雅维利（Machiavelli. 1469—1527）之《君主论》（Il principe. 1513）、法国博丹（Bodin. 1530—1596）之《国家论》（De la république. 1576）中窥见随着近代国家发展、统治权力相关理论体系萌芽之端绪。

马基雅维利之君权论以及博丹之主权论并非单纯强力说，而是强力说之先驱。学者往往将马基雅维利视为强力说之鼻祖。（Ahrens, Naturrecht. I. §15.）然而，这等看法皆因未精读其著作而产生之臆说。马基雅维利之政治哲学并非强力说，而是智略说，并非权力说，而是权谋说。他相信人性本恶，目的乃令手段正当化之物，因他醉心于维持意大利诸国独立、建设固若金汤之国家，故他眼中别无他物、唯有国家。因此，他可以为国家之存在、发展牺牲一切，在政治上，他视德义如敝履，以伪善作君德，所谓君主者，必须具备以下性格：知仁爱、信义、礼让、敬神为何物，实则不具该德性、仅靠外在伪装，必要时亦可作恶。（Il principe. c. XVIII.）他提倡上述谋略，而非暴力。引发上述强力说之鼻祖的误解，或是因为他曾提出疑问：“君主应当被敬爱，还是被畏惧？”并自答：“两者皆可，但若只能择其一，宁可被畏惧。”（Il principe. c. XVII.）抑或是因为他主张强力主义之君权说。所谓强力，本是他主张其可作为政治手段之一、应毫不迟疑运用之，然而，该主义并非强力，而是智略。何况当他论述强力时，“驾驭之道有二，一曰法律，一曰强力。前者治人，后者治兽。不过法律力所不逮之情况颇多，故须屡屡依靠强力。总而言之，为人君者必须通晓二者，熟知依情况而择其一用之”。（Il principe. c. XVIII.）由此观之，马基雅维利视法律与强力为截然不同之二物，在政治上，强力可作为法律力所不及时之补充。因此可知马基雅维利至少并不将强力作为法之原力。

强力说当之无愧之先驱者乃托马斯·霍布斯（Thomas Hobbes. 1588—1679）。在国家起源问题上，他提出国家分两类，一类基于单纯协约，另一类基于降约。前者由众人推选之君王（sovereign by institution）统治，后者由作为战胜者之君王统治。在战胜国，“胜者获得统治权，是败者为避免迫在眉睫之杀戮，以持有生命及自由为条件，通过足以表达明确约定等意思之形式，发誓服从胜者之权力”。因此，无论是协约还是降约，皆起源于允诺，两者并无差异。（Leviathan. ch. XVIII.）霍布斯还论述道：“臣民服从之义务在君王具备可保护臣民之实力期限内一直持续，并随该实力消失而终结。原因无他，因为缺失他人保护时，不能依允诺而抛弃保全自身之自然权。”因此，虽然霍布斯提倡民约说，并将法之原力归结为民意，但是除了原始国家因单纯协约建国之外，如今多数国家皆因基于强者压迫达成允诺而成立，由此可知，霍布斯之观点中部分可谓强力说之端绪。

强力说至近代稍稍具备学说体系，这一改变始于斯宾诺莎（Spinoza. 1632—1677）。他主张泛神论，认为世界乃神唯一本体（substantia），万物乃该本体之形态（modi），“万物生存活动之力即神力”。（Spinoza, Tractatus politicus. ch. II.）因此他得出结论，人类乃神之形态之一，人力即神力。在斯宾诺莎看来，“自然权即自然力”（Jus natura est ipso naturae potentia），“个人自身但凡有力，便有权做任何事”（Summum jus ad omnia quae potest）。所以力与权利同属一个范围，各自之能力决定各自之权利。贤者有理性生活之权利，愚者有纵欲度日之权利，大鱼有吃小鱼之权利。然而，人类熟知自身利弊，会避灾趋福，因此懂得理性之生活优于纵欲之生活，依契约建立国家，去除各人依个人力量决定各自生活之不确定因素，举全体成员之力构建固定生活。如此因契约建国并决定主权者时，所谓主权，便是人民个人舍弃部分固有之力，将其让渡于主权者。因为权利与权力属于同一范围。因此，主权属于有能力统治人民、必要时以死刑威吓人民之人，在主权者拥有可强硬执行自身意志之实力时，便可保其位，反之则失其位。“如若不然，君王坐不稳宝座，强者无人愿意屈服。”（Tractus Theologico–Politicus. ch. XVI.）斯宾诺莎认为法之本性即神，此处他采纳了神权说，同时他认为国家因民意契约而成立，此处他采纳了民权说，但是，他主张法之直接原力乃强力，并不将重点放在民意契约上。其观点如下：

> 虽然人类会佯装达成协约、尊重信义之模样，发誓坚决信守承诺，但若非内里存在某些因素，任何人都无法信任他人之约定。原因就在于各人均拥有欺骗他人、破坏约定之自然权利，只不过能够制约该权利者，无非对更大幸福之希冀，或是对更大灾害之恐惧。（Tractus Theologico–Politicus. ch. XVI.）

由此观之，斯宾诺莎之学说横跨神权说、君权说、民权说，他以神权说为根据、以民权说为方法、以神权说为基础，将法之直接原力归结为强者之权力。

十九世纪初，路德维希·冯·哈勒（Ludwig von Haller）提出神权强力说。他主张“强者统治弱者”乃上帝设定的永恒不变之天则，人类生而不平等，优势强者时常统治劣势弱者乃自然状态，此自然状态如今仍在持续，将来亦不会停止。因此，统治权即优势强力。而且君王之所以享有优势强力，因他得上苍之护佑。（Haller, Restauration der Staatswissenschaft.）

塞德尔亦将法之原力解释为现实强力，在国家本质方面，他谈道："国家乃服从统治权力之土地及人民结合为一体。"在法律起源方面，"所谓统治，乃人于国家之上拥有现实强力之事实，该事实导致法律产生。因此，所谓法律，乃规定人类基于国家共存之全部法则。而且，法律之渊源即统治者之意思"。塞德尔反对国家人格说、法人说、有机体说，他认为主权并非国家意思，亦非人民意思，国家自身并不拥有意思，而是受意思支配，因此一个国家内部必须有具备个人或个体优势强力之人，由他去支配民众、表达可成为民众行为规范之意思。（Max Seydel, Grundzuege einer allg. Staatslehre. I.）由此可知，塞德尔将法之原力解释为优势强者之意思。

如今提倡法原强力论的学者中最知名者，当数耶林。他于《罗马法精神论》中论及法律起源时，将其归结为个人实力，即武力。其观点大意如下：虽然在任何国家，法律之起源无一不来自个人实力即武力，但比拼武力时代以及法律强制形成时代早已被国民忘却，祖先靠武力奠定法治基础之事迹不再口口相传，唯独留下神或者接受神命之人赐予人类法律之传说。"附着于法律起源之上的人类血汗被神授说之光辉笼罩，人们已经无法辨认其踪迹。"（Ihering, Geist des roem. Rechts. I. §10.）

耶林于《法律目的论》中将社会动力之杠杆（Die Hebel

der socialen Bewegung.）分为报酬与强制（Lohn und Zwang）二类，报酬乃经济生活之基础，强制乃国家及法律之基础。他认为国家即有纪律之社会，该社会同时亦是强制力主体。不仅如此，他还解释国家与社会之区别，国家乃拥有强制力之社会，即“社会强制力之组织”，法律表达行使强制力之原则，强者牺牲弱者保全自身十分普遍。虽然在低等动物中，强者与弱者起冲突时，强者灭弱者得以生存十分寻常，但是人类要意识到竞争中强者灭弱者并不符合自身利益，“为自利之故，须节制自身强制力”，最终可强弱并存。法律诞生于上述强制力，并非抛弃强制力取而代之。法律即强制力，只不过是其形态之一。法律并不否定强制力，而是有所节制，“法律或是有规律之强制力，或是强制力之政策（Das Recht ist die Politik der Gewalt），或是一国内实施的全部强制性规范”。（Ihering, Der Zweck im Recht. I. Kap. VIII.）

洛维茨将国家之起源解释为由异民族间竞争导致的征服与兼并，国家并非因一个民族繁衍而出现，而是由于强族征服、兼并弱族方才形成。而且，洛维茨将征服兼并之原因归结为“生活经营”（Lebensfuersorge）之需要，人类因自身生活状态进步需要他人之劳动，为满足该生活需要，便去征伐他族，并劳役之，国家因此诞生，“假如人类在生存竞争方面不需要他人之劳动，那么国家绝不会出现”。民族斗争的最终结果，是胜者发号施令，败者俯首称臣，强者支配，弱者劳动，败者最终承认自身劣势，放弃无意义之反抗，忍辱顺从胜者。至此，不平等的强者弱者之间开始维持长期和平状态。该和平状态成为秩序之原因，风俗、习惯、法律皆因此产生。因此，不平等势力关系乃法律产生之第一原因。所谓法律秩序，强者制定，弱者遵守，“法律乃不平等人之间的秩序”。换言之，“法律乃异种异力之民族冲突导致的共同生活方式”。（Gumplowicz, Grundriss der Sociologie. III. §2; IV. §§6.7.; Rechtsstaat u. Socialismus. I. §10., Sociologie u. Politik. §§25–27.）

主张基于进化论之强力说的学者中最热心者，当推加藤弘之博士。加藤博士之观点如下：

> 万种生物皆由遗传与适应获得其身心资质，所谓遗传与适应，各个物种不尽相同，故身心资质亦生差异。（中略）生物于该身心资质有异同之分，强弱优劣便随之生成，此乃甚为易睹之道理。且该结果不可避免地造成生物界常起强者权利之竞争，身心的优势强者击败劣势弱者。强者权利出自某恒定不变之天则，仅因文明开化之差异致使其权力之程度有高低之分。若有未开化之人民，强者权利则表现为粗暴恶猛之权力。反之，若在文明开化之社会，强者权利则表现为高尚伟大之权力。（加藤弘之博士著《强

者权利之竞争》第二章 H. Kato, Der Kampf ums Recht des Staerkern. II.）

认为法之原力乃强力之学者除上述几位之外，其数尚且不少，吾仅择其中最为知名且可成仪范者摘载其文。希腊诡辩派主张正义乃强者之利益，与其说是积极强力说，更像是以质疑态度面对苏格拉底之前的正义说。诡辩派学者质疑正义是否存在如古哲学家所说之客观标准，根据鼻祖普罗泰戈拉（Protagoras）名言"人乃万物之尺度"得出结论：个人认可之正者即为正，故究极之，优势强者认为可利己之处便是作为法律基础德义的正义。马基雅维利虽然主张君主专制论，但并不主张强力即法，仅对强力说有所思量而已，因此不可将其归类为强力论学者。霍布斯之学说虽然基于民约说，但在降约情况下，弱者为自保，不得不顺从强者，因此该学说之部分可归为强力说。斯宾诺莎、哈勒主张强力乃法之原力的原因在于神性或神意，因此并非纯然之强力说，显示出当时是一个从神学说明法之原力过渡到纯然强力说之激进时代。至晚近时期，耶林通过目的说将强制与报酬解释为社会性动力，法乃强制力之一。洛维莰将国家起源归结为异族征服，法律产生于强弱双方不平等之势力关系。加藤弘之博士认为生物因为遗传、适应原因造成身心强弱差异，强者权利之竞争导致法律产生，至此，纯然之强力说方才出现。

卢梭于《民约论》第三章中批判强力说，其要旨如下：一个优势强者若非将其强力变作权利、弱者之服从变成义务，则其首领之位便无法保持。因为强力并非永续。单纯屈服于优势强力并非自由之意思行为，而是强制之必要行为。强力乃物理力，故无法产生德义层面之结果，强力关系不会产生任何权利义务。强力要产生权利，乃因果本末倒置，倘若属实，则任何比权利者强大之人皆可取而代之，拥有强力者可名正言顺破坏法律，最终导致权利义务毫无意义。（Rousseau, Contrat social. ch. III.）

强力说基于不平等关系，卢梭之民约说基于平等关系，两者自然水火不容，不足为怪。卢梭一派认为人类生而平等，权利义务皆因自由而生，强制状态并非权利，亦非义务，仅为事实而已。强力说学者认为人类不平等，故权利义务无法从自由中产生，只能通过强制。人类平等乃自然法学说之根据，因此在自然法学说全盛时期，强力说必然被视为异端邪说。但随着人类社会诸多学科进步发展，人类平等明显已难以实现。况且当论及自由与法律之关系时，在社会已发达至某一程度，自由观念成为进步动机，该观念之存否与社会盛衰存在巨大关联，人们竟忘记自由乃一方法，反而误将其视为人生目的。然而，自由观念与规范观念素来无法两全。规范是人们判断动作、思想、情绪等是否达成正当目的之标准，法律乃规范之一，制约人之自由意思。因此，法之性质是强制而非自由。自由并非皆是善。可作恶之自由、可不为善之自由即为恶自由。强制并非皆是恶，不可不为善之强制、不可作恶之强制即为善强制。因此，自由与强制本身并无善恶分别，唯有如何使用之差别。由此可知，因厌恶强制而将法之原力归结为自由而非强制之观点，不过是源自思想之历史惰性的感情论而已。

比尔林（Bierling）嘲讽强力说，那些所谓将强力作为权利之观点，实质上是认为国权与幸运强盗之权利本质相同，只不过范围与程度有所差异而已。因此依据该学说，所谓国权之限制，是将其他优势强力施加其上，使其不存在于他处，通常可称为国权限制者，不过是德义或智略之原则而已。宪法亦是仅在伴随实力时可称为法，因此一国之君随着其自身实力增强，便应解除宪法上之义务。此外，全部或部分臣民拥有强于君王之实力时，便应对君王宣称自己拥有权利。因此，君王唯有在多数拥有强力的臣民归属自己时才能发布合法命令。（Bierling, Kritik der juristischen Grundbegriffe. §38.）

比尔林此番批评言辞甚为激烈，但其论述主旨却颇为薄弱。所谓强盗之力与国权均为权力且本质相同这一点，强力论者素来认可。比尔林认为上述二者存在程度及范围之差别，可他却忽视了两者品质亦有别，一种是残暴之力，另一种是善良之力，可谓遗憾。其余如宪法必须伴随实力，以及所谓国权限制乃德义或智略上之规定等，亦是多数强力论学者首肯之处，学者们并不将此番论述视作反驳，反而将其视为真理，国权乃无上权力，所谓国权限制，并不具有法律上正确意义，而是道义或智略上之规定，在这一点上，并无异议。

因强力说之命名稍显粗犷、其理论之趣旨略欠高尚深邃，往往遭学者厌嫌，甚至有人斥责该学说是高压政治之利器。然而，上述言论不过是老派学者无视事实、以感情作为立论依据的老套独断说。倘若强力即兽力，该理论自然有误。倘若强力即体力，该理论之不完备无须赘言。但是，倘若强力乃可统治他人之精神及生理实力，那么该学说则一清二楚，是无须论证之真理。有人批判强力说，该学说虽是铁腕君主之利器，但万一一朝革命党足以对抗强大王师，亦得承认该行为之正当性，因此助我之利器亦可是害我之利器。（Jellinek, Das Recht des modernen Staates. IB. I. Buch. 7.Kap.）该反驳以感情论来回应事实论。以政治德义观之，成功的革命政府中亦有不正当者，但众学者此处意图论究之处，是"法之原力为何物"之事实论，并非"法之正当原力为何物"之德义论。耶利内克（Jellinek）等人反感强力说之原因，在于无法以该学说作为国家之正当基础。国家之建立维持依靠强力，此乃历史事实，耶利内克亦认可，其他多数学者亦不敢争辩。

既然如此，吾是否赞同强力说？答案为否。吾认为，法乃强力方面，强力论者并无误，误在强力主体上，他们将该主体解释为个人、个体或一部分社会。他们将社会分为强弱两方，法乃强者支配弱者之力。此乃强力说从根本上错误理解法之本质。吾将于日后就法之本质发表愚见，为便于评判强力说，届时于前言试做论证。

法律进化

法律乃社会力。法律之规则，乃社会全部之力对该社会的民众有一定行为要求，如同地球之力将地上万物往地球中心方向吸引。民众自知法律乃社会力一事，便是法律进化。在原始社会，民众甚至不知法律为何物，仅仅凭借习惯生活，可谓在不知不觉中顺应上天之规则。即便民众知晓法律之存在，初期也往往将其解释为神授之规则。譬如世上最古老的法典《汉谟拉比法典》诞生于两千八百年前的古巴比伦，当时人们相信法典神授。随后，法源稍微降级，法律被认为是君主对臣民下达之命令，君主之意思成为人民之守则。无论是唐律与大宝令，还是罗马的查士丁尼法典，皆为君主之令。然而，在近代立宪国家，依靠代议制，人民参与立法，而且选举权随着社会进步逐渐扩大，最终完成普遍选举。在部分国家，或是执行“公民立法创议权”（initiative）制度，承认普通民众拥有直接提出法案之权利，或是执行“全民投票”（referendum），普通民众直接投票决定法案之通过与否。

不仅是立法领域，在行政领域，自治制亦随着民众知识增长而广泛实行。审判亦是如此，过去流行神判，如武内兄弟探汤一般，命嫌疑人伸手浸入滚烫热水中，其他如服毒、踏火、沉水等，皆依结果判决罪之有无。之后君主亲自听讼，或君主命官吏审判，最后发展为实施陪审制度，民众最终参与审判。随着世事变迁，法律演变为由人民所创、由人民所用，而实际上法律自始至终都是社会力，因为习惯久而久之便成为法律。全社会相信神，才会产生神法。立宪国家之法因出现社会舆论方才诞生。因此法律乃自古至今、万国共通之社会力，只不过随文化进步，民众方才有所自觉。当我等社会成员知晓法乃社会力、法属于自己时，便无犯法之可能，因为犯法即是消灭自身存在。犯法而被罚者，可谓自作自受、作茧自缚。

大正十二年六月

法律与宗教之关系

干事听闻今日之演讲会于本院（东京法学院）举行，便欲请吾亦作一番演讲。然吾不久即将远行，且事务缠身，当时便出言婉拒。可未来一年吾再无来此地之可能，固然希望能在临别前再见诸君一面，因此正如吾当初婉拒干事时所言，鄙人无暇为此次演讲另作特殊准备，唯有献上现有之物。如今时值盛夏，吾所备之物恐有腐坏，但绝无加害诸君健康之意。现如今吾初至会场，不知之前台上讲演者有何高论，想必诸君从中大为受益。吾亦欲发表一番辞严意正之言论，然酷暑之际，如此发表定会令诸君昏昏欲睡，况且倘若呈上一道不易消化之菜肴，亦于健康无益，故吾今日之主题《法律与宗教之关系》看似严肃深奥，实则只取两者关系之历史渊源。吾令诸君受苦之讲演，今日乃本学年最后一次，此前诸君屡屡忍耐，望今日亦能坚持倾听至最后。

若问法律究竟为何物，恐怕无人会苦于作答，人人可轻易答出，所谓法律，恰如契约，在众议院与贵族院被众人激烈讨论后获批，以官报形式公之于众，又或是诸如依宪法而定的敕令、阁令、省令、警察令、府县令等。然而，倘若向诸君这般专业法学家发问，法律为何物，恐怕专家会面露难色。因为答案并非通俗易懂。专家若要作答，或许会有三类结果。一曰法律乃民众意思之集合，一曰法律乃君主意志之表露，一曰法律乃神之心意。总之，当被问及法律之根本时，答案不外乎民众之意、君主之意、神之心意三类。考虑当今社会之现状，第三类神之心意仿佛迂腐之作答，然而，追溯往昔、探究法律历史渊源时，却并非如吾辈今日所揣测之迂腐，因此，必然存在一类法律乃神明心意之表露，民众据此行法律之事。吾对比较法学的研究方法有所了解，其中一种方法将诸国法律按系统分而比较。依据该法律系统，如今诸国法律可分为印度法系、中华法系、罗马法系、伊斯兰教系、英吉利法系，该五大系统乃世界各大法律之总览。其中属于印度法系的国家中，法律并非人为，而是神创。如此看来，五大洲中不少国家法律属于上文法律分类之第三种，法律既非君主意志之表露，亦非民众意思之集合，而是神明所创，这些国家之民众数量在全世界之占比不可谓不多。宗教与法律究竟有何关联，吾将从历史角度加以详述。

世界上最早被认知的国家便是印度，若问现今印度法律之根本为何物，答案便是著名的《摩奴法典》。该法典规模庞大，含两千六百八十多条法律，印度数以千万计的民众便生活在该庞大法典之下。英吉利法虽于近代入侵印度，数量却也有限，多数地区仍实施《摩奴法典》。论及该法典之历史，其诞生于距今二千八百多年前，学者中不乏争论年代之人，认为法典之古老不至于此，但搁置争议，该法典确实年代久远。据印度人自述，该法典出现于宇宙初创之时，无上尊贵，出自众神之手，梵天将其传予后代摩奴，再传至人间。可见信奉婆罗门教的数亿印度人皆在此部神授法典之下度日，且法典覆盖印度半岛等广袤之地，如此古老之物如今仍被奉行，皆因印度民众守护着这部众神话语之汇编。但是，所谓法律，不可能脱离社会语境，其他国家可以修改法律，而在印度这样的国家却绝无可能。究其原因，是法律于过去作此解，如今对应某事便得此解。法律之解释必须适应时代，故印度所作之解释与西方大异其趣。虽有五六个学派，每个学派于法律解释上各抒己见，但本质却相同。该法典乃神创，神之心意必然无误，故不可依时势而动摇。

综上所述，印度之法律论是将上文所言之第三类法律视作根本，神即立法者。此思想后从印度传至波斯、埃及，最后进入欧洲。埃及亦主张法律神创，神话时代之后的第一个法老美尼斯留下《美尼斯法典》，据传美尼斯乃神之后人，神授的尊贵法典如今仅存八卷。此外，波斯乃信奉拜火教的国家，教主琐罗亚斯德所在时代留下著名的《波斯古经》，亦被称为《阿维斯陀古经》，日本有其译本，该古经诞生于公元前五八九年，第八卷中有不少法律相关内容。《阿维斯陀古经》被琐罗亚斯德用于扩张拜火教，此经亦非人类所创。拜火教中分善神与恶神，善神玛兹达主管光明、清净、法律、秩序、诚实，恶神阿赫里曼即魔，主掌黑暗、污秽、非法、暴乱、虚伪。善神与恶神为各自领域分庭抗争，这便是拜火教的教义，而法律乃善神掌管的分内之事，是玛兹达的作用之一，专门针对恶神阿赫里曼。盗窃、杀人、争吵等行为受恶神支配。削弱恶神、加持善神，便是法之目的。教主琐罗亚斯德可谓聪慧，听闻他为创教，去山里隐世遁居二十年，潜心修行，终得神启。此番经历，类似释迦摩尼。琐罗亚斯德接受神启后，据此写出《阿维斯陀古经》。古经共二十一卷，每一卷用一张牛皮，每卷记录万句。此处所谓之“句”，类似《摩奴法典》亦以句成文，但当时民众并无学识，甚至目不识丁，因此即便有法典、古经，也无法阅读。于是，为达到众所周知之目的，人们便将其编成歌谣，令孩童唱诵熟记。日本谓之俗谣。这类记忆方式乃古代立法者所创制，民众可押韵唱诵。佛经亦如是，内容虽来自婆罗门教之预言，但在节奏上取诸如“南无阿弥陀佛”等节拍，方便唱诵。古代立法者可谓用心良苦。当今立法者用艰深晦涩的文字制定民众无法理解之法律，还自鸣得意，试问有何颜面面对古代立法者。

闲话暂抛一边，上述立法思想从印度发端，经由波斯、埃及，进而抵达欧洲门户希腊。希腊最早叩开法律之门之所在，便是克里特岛，岛上出现知名立法者米诺斯。米诺斯并非法学家，而是诗人，故法律并非米诺斯所创，而是来自朱庇特之神授。从中可见从印度至欧洲之传播路径，印度有《摩奴法典》，埃及有《美尼斯法典》，希腊有米诺斯文明下的法律。《摩奴法典》出自梵天之手，《美尼斯法典》来自守护神荷鲁斯之传授，米诺斯法律为朱庇特所创。三者本质相同，同出一源，然而若要追根究底则极为烦琐，仅知皆为神授便足矣。据记载，在希腊，女神忒弥斯掌管法律、实施审判，该审判案例日积月累后形成法律。著名立法者梭伦之法典被称为“epistēmē”（知识），实则是预言家、占卜者所作，当时的预言家不仅拥有政治势力，而且精通文字，梭伦便与其商议，创制出法律。此外，著名的来库古之法，是来库古于斯巴达主持变法，认识到法律若不固定，变革终将失败，故来库古直接创制法典。但若直言法典出自本人之手，则缺失尊贵之意，于是宣称法典乃阿波罗神授，以神之名颁布于民。

接着来聊聊欧洲犹太人。《圣经》中记载了一位先知摩西，还有一部《摩西十诫》。《摩西十诫》亦非摩西所作，而是神授。摩西入山中四十日，下山后带回神授之法。此事发生于拜火教教主琐罗亚斯德于山中获神授法典之后。摩西亦如是，入山中自己创制法律，但若直言实情，恐难得到当时民众尊重，便宣称神明下凡，亲手书写或口授律法。文明未开化时代之法律皆如此，由于民众尚且愚昧，这类法律当得以实施。众所周知，伊斯兰教在土耳其、埃及拥有数亿教徒，作为伊斯兰教法律根本的《古兰经》与上文《阿维斯陀古经》《摩西十诫》《摩奴法典》等异曲同工，先知穆罕默德入山中苦思，出山后即带来神授之内容，后集结为《古兰经》，若论实情，亦是他本人于洞窟中亲手起草之文。但向外公布时绝口不提自身行为，宣称此卷乃天使加百列（Gabriel）从天而降、神授之物。

在罗马，若追溯罗马法之本源，情况亦相同。罗马第二任国王努马乃一贤者，开启罗马法之端绪。关于努马与罗马法之传说林林总总，但努马亦不坦言亲自创制法律，宣称受到女神伊格莉娅宠爱，于卡佩纳林中相会，努马以国事询问女神，其间女神传授律法。传言该律法埋于努马墓地旁，三百年后被挖出。女神伊格莉娅在努马死后伤心欲绝，泪水汇集成泉，至今在罗马郊外还有一处名胜伊格莉娅泉。

在爱尔兰远古时代，有一部法典《古制全书》(Senchus Mor)。爱尔兰守护神是圣帕特里克，当时一个名叫欧德霍鲁的人被努亚达所杀害，人们为杜绝此类事件再次发生，便召唤守护神圣帕特里克，诗人云集在神明面前，共同创制法律，这便是《古制全书》之传说。

综上所述，远古的人们相信神明直接创制法律。因为诗人贤者、英雄豪杰之所见略同，为统治愚昧无知的民众，不可仅凭手中权力。在那个民众不反思历史、无爱国之心、欠缺德义的时代，唯有借助神明强大的震慑力才能统领众人，古人之思量不无道理。上文吾仅就立法诸多逸事稍加说明，接下来就法律各个方面发表拙见。

在古代，宗教规则演变为法律并不罕见。如今法律与宗教、道德界限分明、互不相混，僧侣与律师之身份截然不同，道德家与法学家各司其职。然而，上述三者在古代都混为一谈，宗教圣典即法律，法律即宗教圣典，随着社会进步，法律与宗教方才分道扬镳。吾将谈谈法律与宗教最初同为一体之历史，首先从民法谈起，更确切而言，是民法中之婚姻。在座诸君应当无人不知，在古代，婚姻属宗教事宜。倘若学过罗马法，便知道一种名为“共食婚”（Confarreatio）之婚姻仪式，既是宗教仪式，亦是法律手续。至中世纪，婚姻乃寺院法之一部分，离婚亦是如此，在如今欧洲某些国家，依然不允许夫妻离异。这便是《圣经》中的“神配合的，人不可分开”俨然已成为法律。由此可见，民法中婚姻制度与宗教之关系。

其次，按今人之理解，所谓继承，自然是继承祖上财产，然而在古代，却是继承祖先之祭祀。祭祀祖先与法律之间有极大关联，此处且按下不表，总之，无后人祭祀可谓一大恶事，继承祖先之祭祀乃第一要事，财产不过是祭祀费用而已。因继承与祭祀祖先相关，进而与宗教有千丝万缕之关系。

最后，民法中占据重要地位之契约貌似与宗教无关，但实情又当如何？当今世上之契约已经完全脱离宗教，但追溯其根源，亦不离宗教。人类开始重视信义是文明进化后之事，在此之前，倘若不请出神明加以约束，往往事与愿违。倘若口出妄语，便遭天打雷劈，因此人们不得不信守承诺。罗马法中最古老之契约，便是市场中央立有一忠诚女神，名“费特斯”（Fides），人们将各色食物蔬果带至女神面前，向女神宣誓进行买卖。又如人们犯下通奸之罪，相当于破除此前在神前结为夫妻之誓言，应当受到制裁。

在刑法方面，未开化社会并无法院、警察等相关制度，对犯法之人施加制裁时，必须借助神之威力。法律本自来源神命，违法必遭神罚之观念可令蒙昧之民安分守己。相关之例不胜枚举，譬如印度有一法典，据书中记载，犯下最重罪之人死后，灵魂转世为植物，且永世不得超生。这便是轮回说。杀人犯会受恐怖惩罚，死后在植物界轮回，一世世地当萝卜、茄子、南瓜等，就是不再为人。第二重罪之人会投胎为爬虫，诸如毛虫、蛇等，罪孽再次一等之人会投胎鸟类，诸如乌鸦、云雀等。罪孽最轻之人投胎为水栖生物，诸如龟鳖等。由此推测，饮酒犯事者或许投胎为海龟。此外，偷窃谷物者投胎为鼠，倒也是恰如其分之关系。诸多罪行中，还有盗水。当时淡水十分珍贵，盗水者会投胎为水鸟。书中罗列各种犯罪后遭受恐怖煎熬之事，利用宗教感化民众，产生守法之心。

在诉讼制度上，过去曾有在神前抽签定曲直之传统，以及手握炽热铁块、额头上烙铁等以求自证清白之行为，作伪证者必被烫伤。此外还有渡河行为，作伪证者必溺水，正直之人可安然抵达对岸。又或是盛水一杯，作伪证者手持水杯必泼洒。在欧洲，有种审判法将人绑在十字架上，命其双臂打开，手臂最先垂下者有罪。总之，当时人们以各种恐怖神罚威吓民众，令民众不再作伪证。

还有一种审判称决斗审判，曾经在诸国盛行，例如十九世纪前的英国。这种审判并非未开化之蛮民通过决斗一决胜负，而是一种神判，正直之人必然得神助，进而战胜有罪之人。

通过上文诸多陈述，诸君可知过去法律各个方面与宗教都不无关系，法律亦逐步进化至如今之样貌，也可称之为逐渐远离神明。远古时代，法即是神，神即是法，但伴随社会进步，法律与宗教逐渐分离，最终各司其职。今日就两者历史略谈一二，供诸君参考。

明治三十二年八月《法学新报》第九卷第一百一号刊载

礼与法

当日编辑主任山田博士约稿时，吾承诺写一文，题为《诗与法》。腹稿已成，尚未推敲，偏偏大学诸事频发，未能亲近笔砚，刊期临近，仅余旬日，督促惜急。致歉辞已尽，吾从拙著资料中摘记一节论述礼仪与法律关系之文字，以礼代诗，不得已草草塞责。短篇之作，未能详述论旨，例证亦从简。待他日拙作刊出时，敬请斧正。

一、礼之起源

规范人之行为者，有宗教、道德、习惯、舆论、法律，亦有权威者之直接命令。虽难以穷尽其种类，但在文明开化低下之社会，其规范可持续且普遍者，莫不具体且形式完备。因此，在原始社会，宗教、道德、习惯、法律皆包含于礼仪之中，规范之外在形式重于其实质，人事百般行为，只期其能符合形式之范式，并不过问其动机、心术之如何。故曰：原始社会乃礼治社会。

何谓礼？礼乃行为发乎敬畏或爱敬之情所呈现之外在形态，通过命令、教育、模仿、暗示，在同一状态下具备同一仪容。自古以来，探究礼之起源的学者或是将其归因为自然，或是将其归结为人为。《左传》中先王立礼，“则天之明，因地之性”，班固曾云：“则天象地”，将礼之本源归结为天。程子曰：“礼之本，出于民之情，圣人因而道之耳。礼之器，出于民之俗，圣人因而节文之耳。”可见，程子将礼之本源归结为人性。上述言论可代表中国多数学者之学说。

斯宾塞说礼时亦反对人为说，主张自然发生说。他认为，高等动物之间已然存有礼，弱犬路遇强犬时，四脚朝天仰卧，以示放弃抵抗，或因恐惧低头夹尾，以示臣服，上述行为皆是弱者向强者表达敬畏之意，以求安抚其心。动物尚且如此，在远古原始社会，政治、法律体制尚未制定，礼仪既存，界定强弱两者之关系，将礼之起源归结为人为，恰如民约论将国家之起源归结为人为一般，乃谬论也。

将礼之起源归结为人为的学者中，最知名者乃荀子。荀子言圣人之道以伪，礼仪亦生于圣人之伪。《性恶篇》中写道："古者圣王以人性恶，以为偏险而不正，悖乱而不治，是以为之起礼义，制法度，以矫饰人之情性而正之，以扰化人之情性而导之也。"荀子谈礼仪者，"生于圣人之伪，非故生于人之性也"。《礼论篇》中，荀子谈礼之本源，为治生于人性之欲求的悖乱，圣人作礼，因人之恶，生隆礼之必要。太宰春台于《经济录》中谈礼之起源，亦将其归结为人为，礼为抑制人之利欲、防止争夺而生，其观点几乎将荀子之隆礼论翻译为日文，并发扬光大。

围绕礼之起源，自然说与人为说看似水火不容，但若细观论旨，两者不过是着眼点相异之争论，并非见解相反。自然说论述礼仪之原力，人为说论述礼仪之原态。倘若从原力观之，依据性善说，礼乃善性之表现，为之节文，依据性恶说，人性本恶，故催生出礼，无论性善抑或性恶，礼之起因皆存于人之性情之中，只不过因人性观之异，礼仪之发生有积极原因与消极原因之差别。

倘若从原态观之，礼乃人为，礼具备行为之外形样式。因此，若将礼视为形式规范进而论述其本体起源，那么固定其礼节仪态必然是人为。或是出自君王、族长、长老、僧侣、圣贤等人之创意，或是因众人之习惯而形成。周公旦制礼，叔孙通定礼，皆属于前者，叩头、俯首伏地、握手、脱帽等礼仪则属于后者。

由是观之，礼仪乃自然生发，而礼容乃人为生成。礼仪存在之原因，乃人类于社会发展初期之有序共同生活之必要。而礼容之确定，则是基于人之性情，但基于性情制定具备社会制裁形式的规范之人，是个人或者众人。王安石之“礼始于天而成于人”乃至理名言。

礼虽是行为之样式，但其样式有所固定、被世人遵守，原因在于其实体具有精神威慑力。人们或是敬畏、爱敬礼之创定者，或是崇敬、信仰礼所彰显之目的。君主、圣贤制定之典礼、祖传之遗礼，皆具备人心威慑力。宗教礼仪乃信仰之彰显，伦理礼仪乃德义之彰显，具备物质威慑力。故广而释之，礼乃道义之彰显，可称其为有形之宗教，或有形之伦理。《曲礼》写礼之体，道德仁义而已，荀子云“仁义礼乐，其致一也”，皆将礼视为德之形，无形则难以把握，遂将敬神、仁义、爱敬等观念有形化，以易于依据之方式表示，以此作为行为之规范。

三、礼之范围

礼乃道之彰显，行为之有形规范。在社会发展初期，人民无知愚昧，无法以抽象原则规范其行为，作为适应其共同生活之行为且最必要最便利者，唯有设置具体礼节仪态，令世人遵守，否则难以维持社会安宁、促使秩序发展。因此，从君臣、父子、夫妻、兄弟、朋友关系，至婚丧嫁娶、祭祀、衣食住行、言行举止、进退周旋，世间万般人事，事无巨细皆被纳入礼之范围。故欧阳修言："凡民之事，莫不一出于礼。"《周礼》乃周公之遗典，可称其为周公治天下之大经大法，天地四时，百官居位，《周礼》记其职司，网罗宗教、道德、风俗、法律相关百般事项，从祭祀、治民、军旅、教育、刑赏、户婚、农工商，至贵贱尊卑之序、舆车、宫室、服饰、饮食之分、聘问、燕乐、卜筮之事，典章粲然可观之。《周礼》是否出自周公之手，学者往往多有质疑，但从此书中可知上古礼之范围极其广大，几乎涵盖社会全部行为。

然而，礼之范围如此宽广，仅存于民众尚未习惯秩序生活的原始社会。当人们逐渐习惯社会生活，德智稍有进步，便可根据外境性质做出适宜行为，此时机械控制个人行为之必要逐渐减少。而且在变化多端之社会诸事上，礼赋予其不变的行为标准，随着民众自治能力发展，固定礼节反而使得实现行为目的有诸多不便，阻碍人为进步发展。因此，礼之范围与智识之发展成反比，人文越进化，礼之范围越缩小，最终仅余朝仪、冠婚葬祭、军事以及社交等方面尚遗存古代仪式。

四、礼治法治

礼乃人类最早之统制力，在宗教、道德、法律尚未分化时，礼已然将社会力外显为形式，成为行为规范。因此在任何社会，礼治都早于法治。据艾里斯《波利尼西亚研究报告》（Ellis, Polynesian Researches）记载，塔希提人在既无法院，更无口传之法的时代，已经拥有精细之礼仪，上至与神明、首领之关系，下至一切社会关系，皆依据礼仪而固定。此乃原始社会之常态，虽然其实质相当于法规之规范，但该规范皆呈现礼之外在形态，作为礼之一部分而存在，并非以法规之名被执行。

礼治早于法治之事实，在中国历史中最为明显。唐虞三代之治乃礼治，仅略微可见法治之端绪。至周朝，礼治达巅峰，至强秦一统天下之时，虽欲行法治之制却以失败告终，至汉代，法治之制大为完备。然而，学者因尚古之癖，将唐虞三代礼乐之治视为黄金时代之政事，将秦汉以降的法令之治视为浇季之制，尊礼乐而轻法律，极其排斥商鞅、韩非、申不害之学派，称其为刑名法术之徒。此乃出自儒家以仁义道德教化民众之理想，目的虽高尚，却不悟道法相待之理，误信仅以礼乐之风化足以治天下，而提倡法治之学者、政治家中，往往存有失去后世同情之因素。

周室衰微，天下大乱，孔孟之弟子试图恢复周之礼文，以礼经纶天下。孔子曰："道之以政，齐之以刑，民免而无耻；道之以德，齐之以礼，有耻且格。"又云："安上治民，莫善于礼。"可见并非贬政刑而偏废之。圣人以德化为旨之教训固然言之有理，但明显视礼治为理想。《礼记·祭统》中记："凡治人之道，莫急于礼。"《礼记·乐记》中记："礼至则不在争。揖让而治天下者，礼乐之谓也。"《礼记·礼运》中记："治国不以礼，犹无耜而耕也。"上述种种，皆为礼治之说。自从荀子主张隆礼之后，论述礼治者倍增，老庄之弟子主张无为之化，与排斥礼法者一拍即合，遂生儒道两家共同轻贱法治之风。太宰春台于《经济录》中有一段论礼之文字，足以窥见儒家思想针对礼治、法治之一斑。

> 经纶天下之道，无先于礼乐者。故三代明君取天下，必先制礼、作乐。无礼乐则不能治天下。
>
> 礼可谓护国护身之神符。若云除此之外另有治国之术，皆为邪说，非圣人之道，不可信也。

太宰春台论恃法不足以治国：

> 不用礼乐、仅凭法令治国，乃申不害、韩非、商鞅、李斯等人于当时欲取其速效，故看似便利，然而并非永安之计，旋踵事败，以至灭亡。应观往辙而戒之。

太宰之言论，乃不知道法分化且相待之理法。正因为此番思想盛行，中国自秦汉以降其实早已进入法治时期，但于理论之上仍将法律作为礼之辅助，导致学者轻视之，使得千余年间法制并无显著发展。

礼治早于法治乃自然顺序，在人类群居初期，人类崇敬作为社会凝聚力中心之神明、先祖在天之灵，以及首领、族长、家长、父母之权力，形成惰性行为，此乃礼治之发端。在不断往复中，便自然对某一行为附加某一意义，最终该行为形式固定，成为行为典范，要求众人遵守并服从。令该形式成仪式者，便是礼。针对社会凝聚力中心如此这般固定外在形式，人类共同生活方才得以有序维持，因此，社会初期之统制力具有礼之形体，法律则仍处于潜在势力状态，包含于礼之形态中，尚未独立存在。

五、礼法分化

在低文化程度社会中，礼之范围极其广大，涵盖一切社会规范，法律尚未获得一席之地，仅是礼之局部。随着文化发展，礼法逐渐分化，法律初次脱离礼之区域，形成独立的社会规范体制。

礼法二者均展示行为之仪表，使人从之。二者之所以皆为抑制人之自由意志的行为规范，盖因礼仪及法则之基础乃社会力，是超越个人力之优势力。然而，社会力成为礼法二者之基础的原因却各自不同。礼乃宗教或德教之彰显，或显示为信仰之外在，或显示为伦理之形式，或显示为社交之秩序。故礼之所以成为规范，只因是宗教或德教之彰显。法律因国家权力而存在，依据国家权力得以实施，故法律之所以成为规范，是因为国权之彰显。因此，虽然礼法均要求民众之行为符合准则，但针对违反行为之制裁却各异其形。礼于诞生之初便包含社会一切行为，故违礼行为之制裁亦因其行为性质不同而有所差异。或是仅招致士君子之讥讽，或于社交上受到排挤，或蒙受宗教责罚，或受到君主、父辈怒斥。因此在社会初期，针对违礼之制裁林林总总，但随着国家体制逐渐完备，政权逐步扩张，当政者以政治权力强硬要求遵守礼仪，违礼者重罚。此乃礼法分化第一步。

制裁违礼行为之政权化究竟始于礼之哪一部分，如今确实难以断定，不过，倘若猜测起始于违礼行为可极大破坏国家凝聚力之部分，大抵无甚大过。对父祖之爱敬乃一家之凝聚力，对族长之尊敬乃一族之凝聚力，对君主社稷之崇敬乃一国之凝聚力。礼以崇敬之形表现各凝聚力。在原始社会，凝聚力之强弱以各人对社会中心之首领或守护神之服从程度为准绳，因此缺失敬礼就是不顺从之铁证，大到破坏国家团结，小到毁坏家庭基础，这些行为放到任何国家都要以政治权力施加制裁，这类制裁往往始于对首领之大不敬行为。汉朝叔孙通制礼仪，高祖于长乐宫立朝仪，初行新定礼仪，“御史执法，举不如仪者，辄引而去”（《史记列传》）。此乃事关朝廷之礼仪，便以公权力制裁违礼之举。这便是“礼、刑其初一物，出礼入刑”。随着国家机构完备、国权作用发展，事关公事之礼者，皆以国家权力对违礼行为施加制裁，至此，礼仪之规定逐渐转变为法律之规定。

欲知展示中国礼法分化过程之思想，莫过于翻阅荀管二子之书。荀子表述礼治之终，管子表述法治之始，前者乃儒家、近法家，后者则为法家、近儒家，仅相距一步之遥。荀子之隆礼论从礼之末述及仁义道德之本，先整其形而正其心之观点，可谓与法家以形制心的主义首尾相接。因此荀子虽以礼治作为理想之治术，但并非不说法治。《强国篇》《天论篇》《大略篇》中写道：“国之命在礼。人君者隆礼尊贤而王，重法爱民而霸。”《富国篇》中写：“由士以上则必以礼乐节之，众庶百姓则必以法数制之。”此番言论，虽以礼为上治、法为下治，却来自荀子知晓礼治亦有未及之处之认识。

荀子又主张人之性恶，圣人为治悖乱争夺，“故为之立君上之势以临之，明礼义以化之，起法正以治之，重刑罚以禁之，使天下皆出于治、合于善也。是圣王之治而礼义之化也。今当试去君上之势，无礼义之化，去法正之治，无刑罚之禁，倚而观天下民人之相与也；若是，则夫强者害弱而夺之，众者暴寡而哗之，天下之悖乱而相亡不待顷矣”（《性恶篇》）。荀子此言可展现礼法分化之过程，荀子虽以隆礼治天下为主旨，但观外部强制之必要，以礼仪之用化之，法正之治与刑罚之禁并立，以隆礼教化民众之同时，上需君上之权势，下需法正刑罚，“众庶百姓则必以法数制之”。荀子可谓知仅以明礼义不足以治天下，必须礼刑相依。故荀子位于以礼乐治民为理想的纯粹儒家学者与主张法治的韩非、申不害等法家学者之中间，其学说可代表礼法分化之时期，展现出礼治之末期。

管子之书则反之，代表礼法分化之过渡期，同时亦展现出法治之初期。管子论述法治出自礼治，“民知德矣，而未知义，然后明行以导之义”，“民知义矣，而未知礼，然后饰八经以导之礼”，“民知礼矣，而未知务，然后布法以任力”（《五辅》）。由此可知，义出于德，礼出于义，法出于礼。管子所言“人之心悍，故为之法。法出于礼，礼出于治”（《枢言》）亦然。然而，管仲所言之礼法异于先贤，他以法为治道之本，以法治为主、礼治为辅。管子著八十余篇，论法制经济极为详尽，而论礼义则简略，这便是证据。礼义廉耻乃“国之四维”（《牧民》），“礼正民之道也”（《君臣下》），“礼义者，人君之神也”（《侈靡》），管子虽将礼视为治民之必要，但治道之本在于法，“法者，天下之至道也”，“动无非法者”，“以法治国，则举措而已”（《明法》）。亦云：“圣君亦明其法而固守之”，“尧之治也，善明法禁之令而已矣”，“黄帝之治也，置法而不变，使民安其法者也”，“君臣上下贵贱皆从法，此谓为大治”（《任法》）。管子尚有其他言论，诸如“治国无法，则民朋党而下比”（《君臣上》），“齐民以政刑”（《君臣下》），全篇说法治，恰如荀子说隆礼。荀子云：“人生而有欲；欲而不得，则不能无求；求而无度量分界，则不能不争；争则乱，乱则穷。先王恶其乱也，故制礼义以分之。”管子曰：“律者所以定分止争也。”（《七臣七主》）故荀子之礼乃管子之法也。

荀管之后，法家兴，强秦并六国，一统天下，专依法治，后失败，汉朝以此为鉴，名之礼治，然其实质为法治，约法三章，命叔孙通作礼。未几，作《九章律》。此乃礼法并行，而后渐渐去礼治而入法治之端绪。汉朝采用礼名法实之主义，可从汉宣帝时，太子刘奭劝帝宜用儒生一事可知，宣帝对之曰：“汉家自有制度，本以霸王道杂之，奈何纯任德教，用周政乎？”此外，汉和帝时，廷尉陈宠校对律令，作罪数三千，亦采自“礼仪三百，威仪三千”，令其数合乎于礼。

至大唐时期，礼法分化越发明显，法制逐步完备，律令格式有别。唐太宗时有贞观礼，唐高宗时有显庆礼，唐元宗时有开元礼。虽然礼典大为齐备，但并称五礼之吉、凶、嘉、宾、军与古代之礼相比，其范围已远不及，虽是礼，却多以公权力附加制裁，入律令格式之中。唐以后，治国之实虽依法治，但学者至今仍视其以礼为本、以法为末，尚未于理论中见纯然之礼法分化。欧阳修于《礼乐志》中写道："由三代而上，治出于一，而礼乐达于天下；由三代而下，治出于二，而礼乐为虚名。"可谓论述中国礼法分化之贴切之言。

印度法系之基本法典《摩奴法典》与《法论》(Manava-Dharmasastra)皆出自礼典。根据马克斯缪勒(Max Müller)考证，诸如《摩奴法典》的诗体法典出自短句体圣典，短句经中最重要者当属《仪轨》(Kalpa-Sutra)。《仪轨》乃礼典，其种类颇多，婆罗门教徒中之名门望族常常各族自有其礼典。而且书名或是冠以编纂者之名，或是书写该礼典归属之族名。因此《摩奴法典》出自摩奴家族之《仪轨》。该短句经由祭牲经(Srauta)、清净经(Saniskaras)、律法经(Samayakarika)三部组成，最后，第三部之律法经成为《摩奴法典》。因此，《摩奴法典》是从礼典中分化而得。

从罗马古代法包含于礼典中便可得知，在希腊罗马古代，法亦从礼中分化而出。王位依即位礼而定，婚姻依据结婚礼，养子依据收养礼，继承依据丧礼，民格依据共餐礼，上述诸多制度皆是天地、山川、祖宗、族神等与祭祀相关的宗教礼典之一部分。梭伦之法典亦是一种礼典，祭祀礼为其最重要之组成部分。根据福斯泰尔·德·库朗日（Fustel de Coulanges）、沃格特（Voigt）、布隆斯（Bruns）、蒙森（Mommsen）等人之研究，罗马最古老法令《王政法》（leges regiae）中遗存之文，皆与宗教礼典相关。

由此观之，现今之法存在于古代之礼中，随着人文发展，社会统制力改变其形态，最终礼法分化。譬如《周礼》《礼记》《仪礼》三大礼典中所载，祭天地鬼神宗庙之礼、天子诸侯卿大夫士庶人之爵禄、班位、职司、民级、封域、华夷之别，以及贡租、教育、听讼、断狱、养老、赈恤等事，乃公法之出处。冠婚、葬祭、父子、夫妻、亲戚关系，以及定贫富多少之分之礼，乃私法之出处。因此，祭祀礼、朝觐礼等乃宪法、行政法之起源，士冠礼、婚礼等乃民法之端绪，聘问礼乃国际法之萌芽。随着国家体制完备，社会力改变其形态，于礼仪中附加国权之制裁，最终礼之规范与法之规范得以区分。

明治三十九年一月二月

《法学协会杂志》第二十四卷第一号第二号刊载

述评

述 评

谢晖：国家主义习惯法论之反思

——读穗积陈重《法律进化论：习惯与法律》之献芹

一、弁言：一种国家主义的习惯法论

在早期有关习惯法的研究中，穗积陈重先生的《法律进化论：习惯与法律》[1]一书无疑具有奠基性的地位。作为一部专研习惯与习惯法问题的小册子，作者对习惯和习惯法作出了较为系统的阐述，也对相关不同学说作出了系统的归纳和

谢晖，广州大学教授，广州大学、中南大学博士研究生导师。研究领域：法哲学，民间法与法律方法。

[1] 本书译者曾玉婷学习日语出身，汉语功底也相当深厚，所以，译文在汉语读者看来，用词典雅，表意晓畅，使读者在简明扼要的译本中对习惯和习惯法的学术观点产生更深的了解。

总结。尤其是他对习惯法成立的神授说、惯行说、时效说、承认说、法信说、意思说（强意、总意、合意）等的阐释，今天阅读起来，仍不乏重要启示。然而，作者的相关论述，显然不满足于一般的介绍，而且在习惯法理论上，作出了自己独到的阐述。这便是在本书中浓墨重彩的有关“习惯的法性”学说。如下不妨征引本书中的相关论述，以进一步剖析其习惯法观念：

吾观之，将设立法院之前的习惯视为习惯法才是误谬……村落长老会实质上一半算立法会，一半算司法会，以此观之，可知当时对于一部分习惯已然存在针对其违反行动的公权力制裁的端绪。由于设立法院，村落长老会之权力随之转移，便显示出势力更迭之过渡期，于是习惯开始享有法性。

习惯之法化是由于习惯固有的统制力发生公权力变化。习惯原本始于人们认识到一定行为形式的适应价值，久而久之，习惯成立存在的理由早已消失，但由于思想惰性，仅习惯乃古例一事便是服从的充分理由，人们不再寻求其他理由。习惯之所以约束人们的行为正因为它是习惯。当习惯仅凭其固有之力运作时，纵使该习惯与法律事项相关，纵使其效力比法律更强势，也无法说该习惯具有法效。

然而，一旦公权力叠加于习惯之上，国家机关的制裁便会施加于该习惯行为者身上，此刻开始，方可称其为具有法效之习惯。

习惯享有法性之方法可分为一般享有与特别享有两种。所谓一般享有，即源自国权之一般行使，公权力整体叠加于某种习惯之上。所谓特别享有，即源自国权之个别行使，公权力叠加于特定习惯之上。

笔者不惮其烦地引用作者原著对习惯法的论述，是为了更加直观地理解下文所要阐述的观点：国家主义的习惯法论。在穗积陈重先生的笔下，一方面，习惯的法性不是和习惯共生的。倘若不存在“权力的转移”，即权力不能从村落转移到更大的公权力主体，那么，一种习惯即便在村落内部再流行，再被人们所尊重，也不能产生法性。另一方面，习惯的法性乃公权力主体加诸习惯的产物，因之，它是外力施加的结果，似乎与习惯自身所具有的规范性没有必然关联。倘若没有公权力——国家权力的外加，那么，习惯永远是习惯，而不是拥有法性的习惯。此外，无论习惯对法性的一般享有还是特别享有，都和国权（公权力）的行使相伴随。国权没有进入习惯世界，习惯自身不能享有法性，无论是一般享有还是特别享有。可见，习惯的法性乃国权所赋予的，而不是习惯自身本来就有的。显然，这种观点与“法律是主权者的命令”[1]一样，主权者——国家在此担当了主角，而习惯，不过是听命于主权者的需要和命令，才获得了法性。显然，这是典型的、不折不扣的国家主义习惯法论。穗积陈重尽管不是一个典型的实证主义法学家，但在法律，包括习惯法的基本理念上，所秉持的显然是国家主义的法观念，从而也是国家主义的习惯法观念。

“所谓国家主义，指的是以国家权力为核心，以‘权力至上’为价值基础的一种普遍存在于社会意识形态领域的观念体系。”[2]在国家主义的观念世界，或者神话国家权力，因此一切法律只有经过国家的“点拨”，才可谓真正的法律；或者把国家和人民主权勾连在一起，强调国家主权的唯一性、人民权利的神圣性，进而也把国家主权和人民权利捆控绑在一起，在突出人民权利的同时，也抬高了国家权力对社会的控制效力，而一种规范，也只有经由国家权力的明令，才成为法律。社会自身，即便在人类交往中具有举足轻重的意义，甚至它就是社会交往

[1] 这是分析实证主义法学的创始人奥斯丁对法的基本界定。“准确意义上的法（laws），具有命令（commands）的性质。如果没有命令的性质，无论何种类型的法，自然不是我们所说的准确意义上的法。”［英］约翰·奥斯丁：《法理学的范围》，刘星译，中国法制出版社2003年版，第2页。“……所谓法律，就是主权者和其下的从属者所发出的，以威胁为后盾的一般命令。”［英］H.L.A.哈特：《法律的概念》，许家馨等译，法律出版社2006年版，第25页。

[2] 吕世伦、贺小荣：《国家主义的衰微与中国法制现代化》，载《法律科学》1999年第3期。

的目的所系，也不能生成，更不能创制和发布法律。这在近代以来几乎成为法学上的主导性观念，在前述“法律是主权者的命令”这一近代规范分析法学的核心观念中可见一斑。

尤为重要的是，在习惯法观念上，分析实证主义法学与其既有的法律观念一脉相承，坚守逻辑上的一致性，反对把习惯法当成主权者命令的例外，反之，它与制定法一样，照例是国家的产物，是权力宰制的结果，是主权者的命令：

> ……如果我们将习惯法，看作经由道德规则转变而来的实际存在的由人制定的法，那么，习惯法，就是由国家确立的。当国家在制定法中，将习惯明确规定出来的时候，国家是以直接形式确立习惯法的。与此不同，如果习惯是由国家中的司法机构所适用的，那么，国家是以间接方式确立习惯法的。[1]

可见，分析实证主义法学对国家主权、国家权力、国家命令这些事实和观念的特别尊奉，不但体现在他们对法律的概念界定上，也体现在他们对习惯法的概念界定上。他们坚持法律表述中逻辑原则的一致性，这一原则便是：不存在离开主权者

[1] ［英］约翰·奥斯丁：《法理学的范围》，刘星译，中国法制出版社2003年版，第39页。

命令的法律——无论这种法律是创制性的还是认可（承认）性的，订立性的还是习惯性的。主权者命令是包括习惯法在内的所有法律必须具备的特征。既往社会中存在的习惯，不过是为主权者命令提供了一种较为便捷的条件，而不是说这种习惯自来就带有法性。如果把习惯和主权类比为两性，习惯自身不能同性生殖，只有经过主权加身，才能生成习惯法。不过主权者却能同性生殖，它不需要借助习惯等既有社会规范，只要坚持在社会事实中保持发现的眼光，就可以生产出作为法律的命令来。所以，在分析实证主义法学者笔下，习惯法与主权者的关系是明确的，不容含糊的——不是习惯产生习惯法，而是主权者产生习惯法。在此，国家主义观念之于习惯法产生的决定性，成为法律意识形态的重要组成部分。

穗积陈重（1855—1926年）生活的年代，恰好接续着分析实证主义法学的鼻祖约翰·奥斯丁（1790—1859年）。当奥斯丁走完其人生路程时，穗积陈重在遥远的东方岛国出生不久。生逢日本社会变革对法律的深刻而广泛的需要，穗积陈重选择了法律和法学这一事业，并远渡欧洲，分别在英美法系的代表国家英国和大陆法系的代表国家德国留学。这两个国家的“正统法学家”对国家实在法不遗余力的关注和研究，对于穗积陈重法律观的影响是显而易见的。其有关习惯法的论述，显然是接着约翰·奥斯丁在讲。一言以蔽之，其所秉持的习惯法论，是一种国家主义的习惯法。对这种习惯法论，可以大致总结为以下几点。

第一，习惯法是一个历史的范畴。如果说“凡社会皆有法律”未必是一个人们能接受的观点，那么，“凡社会皆有习惯”却是一个有组织的群体进行交往的基本事实。这也表明，习惯与人类基于群体利益的交往息息相关，但在国家主义看来，习惯法却不是。习惯法与其他国家法一样，是一个伴随国家主权而生的历史范畴和事实范畴。国家主权不存在的地方，也就不存在习惯法，而只能存在习惯。因之，习惯与习惯法是两个概念。即使习惯能强有力地作用于人们的交往行为，分配人们的权利义务，组织有效的社会秩序，保障人们的安全幸福，裁决人们的利益纠纷，也不一定就是习惯法。

第二，习惯法是国家法律的一部分。习惯法作为历史的范畴，进一步的逻辑延伸是：习惯法作为法的一部分，在事实上是因循法而产生的，所以，它与国家法属于同一历史范畴，而不是国家法范畴的例外。与此同时，法的国家命令属性，决定了习惯法在逻辑上只能秉有和法相同的属性，而不能另起炉灶，赋予习惯法和法不同的属性。所以，即使一种习惯古老、有效、有益地作用于人们的交往行为，也不能径直被称为习惯法。从习惯到习惯法必须经过主权者这个通道。这就意味着习惯法是国家法的一部分，而不是国家法的分庭抗礼。

第三，习惯法是主权者的命令。在国家主义看来，习惯要成为法，从习惯升华为习惯法，必须经由国家——主权者的明令认可。因此，主权者的认可，乃习惯上升为习惯法的必要条件。而习惯本身的古老、有效、有益等尽管也是其升华为习惯法的必要条件，但相较而言，具有决定性作用的，仍然是主权者的命令。没有主权者的命令，习惯最多只是比喻意义上的法，而不是“实际存在的由人制定的法”。国家命令属性，决定了习惯法不同于习惯（也不同于林林总总的其他社会规范）之本质——经由国家权力过滤的习惯，就是习惯法。

第四，习惯法的产生机制可分为直接与间接。既然习惯法是主权者的命令，那么，是否意味着习惯法都由具体行使国家主权的权力主体直接制定？回答是否定的。在这里，习惯法与其他国家法一样，也秉持着同一生成原理：其他国家法有出自权力机关的制定法和裁判机关的判例法，习惯法就照例有出自国家权力机关直接认可并赋予效力的习惯法和国家司法机关通过司法裁判的运用而赋予效力的习惯法。这既是习惯法的基本分类，也表明国家主权之于习惯法的具体作用（生成）方式。

如上几个方面，具体展现了国家主义习惯法论的基本主张。但是，这些主张，果真能切中习惯法之肯綮吗？习惯法果真只能是国家的吗？只能是主权者命令的结果吗？

二、习惯法国家唯一依赖之解构

国家主义的习惯法论，与其他所有观念构造的事物一样，都是人类意识构建的产物，是“习惯法是主权者的命令”这样的词语建构的结果。它们建构了国家主义习惯法的一种“精神事实”——尽管在我国当代法学界，有一种貌似反对关注词（想词），而只提倡关注事（想事）的主张[1]。在本质上，这种观念构造的事物，是作为能够产生意识的物质——人类大脑这个意识器官认知体验的结果。它与普通的物质世界相较，有明显的特征：

> 与客观事物相对应的大脑中的生物电化学反应形式，类似于一种形式化的书面语言或口头语言，它表征了某种形象，但不等于形象本身。唯有经过前额叶这个“脑中之脑”或“心中之心”的意识器官的认知体验，才能从生物学语言的形式/符号中译出表象、意义、美感、观念、价值来。[2]

---

[1] 苏力：《想事，而不是想词》，载《东方法学》2023年第1期。

[2] 丁峻：《身心关系与进化动力论》，中国科学技术大学出版社2003年版，第14页。

这提醒人们，国家主义习惯法论不是先于主体的意识世界而存在的，反而生成于人们的意识世界。意识成果具有客观性，但其生成过程却是主观的东西，是人们主观上对客观对象内在规定性的一种抽象和模拟活动。习惯法的这一论点——不经由主权者命令，习惯就不是法，明显带有强烈的主观色彩，无疑是主体意识建构的结果。倘若人们说习惯法是社会的产物，有社会就有习惯法，并且由此出发，得出一个完全不同于国家主义法律观的习惯法命题，也未尝不可，因为它与国家主义习惯法论一样，也可以在一定意义上找到事实的支撑——因为这些命题的支撑事实，并非全然是所谓的“客观事实”，而是经由主体剪裁和加工过的事实。从而就不难发现，不是习惯的客观规定性决定了人们对习惯法的性质界定，反而是习惯法的观念构造，剪裁着习惯这种社会事实，是否属于合乎人们观念上已经构图了的习惯法。因此，作为精神世界的习惯法观念决定着人们对习惯和习惯法的认知。

人们之所以把习惯法界定为是国家的，是主权者的命令——因之习惯才拥有法性，不但来自这种意识建构本身，而且出自对国家完美德性和强力认同的意识建构。众所周知，在近代以来的意识形态中，以“社会契约论”“权力制衡论”“人民权利论”“代议政府论”等理论来防范利维坦的恣意横行，把国家权力限制在有利于保障和满足社会与公民利益的范围，是几乎所有国家及其法律都肩负的使命。其建立的逻辑前提是国家（权力的恶）：

> 一切有权力的人都容易滥用权力，这是万古不易的一条经验。有权力的人们使用权力一直遇到有界限的地方才休止。要防止滥用权力，就必须以权力约束权力。[1]

这种对国家恶之提防，其实源自人们对人性的充分不信任。所以，休谟、联邦党人在其著作中，或提出了政治运作中著名的“无赖预设”，或指出对政府必须做“天使排除”：

> 政治作家们已经确定了这样一条准则，即在设计任何政府制度和确定几种宪法的制约和控制时，应把每个人视为无赖——在他的全部行动中，除了谋求一己的私利外，别无其他目的。[2]

[1] ［法］孟德斯鸠：《论法的精神》，张雁深译，商务印书馆1961年版，第154页。

[2] ［美］斯蒂芬·C.埃尔金等：《新宪政论——为美好的社会设计政治制度》，周叶谦译，生活·读书·新知三联书店1977年版，第27—28页。

> 如果人人都是天使，就不需要政府了。
>
> 用种种方法来控制政府的弊病，可能是对人性的一种耻辱。但是政府若不是对人性的最大耻辱，又是什么呢？[1]

可见，对国家（权力）恶和人性恶的防范，其本源是一致的，因为不论是什么国家，也不论是哪种权力，归根结底要通过具体的自然人来掌握。国家（权力）之恶，乃人性之恶的自然延伸。论述至此，似乎人们对国家、对权力应保持足够的警惕和防范才对，但何以国家主义习惯法论却如此地尊崇国家，直言唯有国家权力作用其中，一种习惯才能称为习惯法？这不是对国家及其权力的明显崇拜吗？行文至此，不得不进而论述何以人们要推崇备至地有意构建一个权力肌体，以加持所有的法律，并对所有受其管辖的人有效的缘由。

尽管国家及其权力之恶，被近世以来的人所普遍肯认，但一方面，自古以来，国家及其领有的领土范围之大小、管辖民众之多寡、管制能力之高低，决定了国家在综合实力上的地位，因此，国家权力在此似乎获得了某种德性的力量，即便它在很

[1] ［美］汉密尔顿等：《联邦党人文集》，程逢如等译，商务印书馆1980年版，第264页。

大程度上是一种暴力，却是能够容忍的，因为它是一种能够给人们的利益带来总体保护的恶（强力认同）。另一方面，即使近代以来国家权力为恶的事实被不少仁人志士所揭批，但揭批国家权力为恶的人，不是为了否定之，从而尊崇所谓无政府主义；反之，他们对国家权力的批判和提防，恰恰是为了推出一种更为符合社会主体要求，接受社会主体监督，满足公民权利保障要求的权力。因此，尽管不能不防备权力，但只要权力是受制约的，也就是善的，国家及其权力本身就具备了公民可依赖的德性基础和认同标准。这或许正是在欧陆、在英美、在日本，人们既反对权力专断，又想方设法来巩固、强大自己的国家，以其聚合性的权力周旋于世界，并葆有国家和国民利益的缘由所在。

正是在这里，在国家权力必须受制的背景下，国家权力却获得了比史上任何时候都更加强有力地作用于私人、作用于社会、作用于国际关系，乃至形成了某种没有国家的恶，要胜于国家权力不受制约的恶的情形。因为国家不存在，一切秩序以及建立在秩序基础上的聚合性力量就无从谈起；而国家权力不受制约，但只要国家存在，就会有秩序的存在，就有人们交往行为的基础，就不惧怕人对人就像狼对狼一样地残暴——一种更强有力的权力总会防治这种恣意的残暴。这正是近代以来，人们既担心国家及其权力，又想方设法建立有效的国家及其权力、崇尚国家主权的缘由所在，也是形成对国家的德性依赖和强力认同（如形形色色的爱国主义[1]理念）的缘由所在。对国家的德性依赖，乃人们信任国家、依靠国家、爱护国家的合法性前提。但问题在于，即便有了民主的、自由的、捍卫人民主权的宪法，就一定会因循宪法而呈现一个德性的国家吗？就一定要坚守国家主义的习惯法立场吗？

毫无疑问，人类历史发展到今天，不论是什么类型的国家，都越来越依赖于宪法来治理。即使某些明显奉行个人专制主义的国家，宪法仍然是其实施专制统治不可或缺的标签或噱头。这说明，并不是在人民主权得以保障的宪法治下，国家的德性就一定是可靠的。且不说在那些奉行个人专制主义的国家，即便在笃信宪法统治的法治国家，只要揆诸历史和当今世界的社会现实，就会发现国家德性所存在的不得不认真对待的问题：

---

[1] 即使所谓的“宪法爱国主义”，实质上仍表达了人们在宪法、自由和人权前提下的爱国情愫，它并没有抵消“国家主义”，反而在以另一种方式突出了“国家主义”，使“国家主义”获得了某种合法性。有关“宪法爱国主义”的论述，参见［美］扬-维尔纳·米勒：《宪法爱国主义的一般理论》，徐霄飞译，载《清华法治论衡》2009年第2期；翟志勇：《没有国家的爱国主义？——米勒与他的〈宪法爱国主义〉》，载《清华法治论衡》2009年第2期；徐霄飞：《宪法爱国主义观念初探》，载《江苏警官学院学报》2009年第2期；李俊增：《哈伯马斯之宪法爱国主义》，载《欧美研究》第36卷第1期；陆幸福：《哈贝马斯宪法爱国主义探析》，载《西南政法大学学报》2006年第4期；黄其松等：《文化认同与民族国家未来：再论哈贝马斯的宪法爱国主义》，载《云南社会科学》2017年第2期；等等。

在历史上,“二战”时期,以德、意、日为代表的法西斯国家,正是遵循了宪法程序,并借宪法程序推出了反宪法的种种举措。其中最典型的是希特勒。

> 1933年1月30日,希特勒按照宪法规定的程序成为内阁总理,具有形式宪法的基础。但希特勒上台后不到两天就根据宪法程序解散了国会,重新选举。1933年3月23日,纳粹政府利用国会纵火案,通过了《消除人民和国家痛苦的法律》(史称《授权法》),实现纳粹政府和议会的一体化,规定政府无须议会同意就能制定法律,甚至可以与宪法相违背。[1]

从而,发生在二十世纪的两场世界大战,在一定程度上是宪法国家之间相互发生的战争。这足以警示我们,宪法并非包治国家主义百病的灵丹妙药。或以为,这毕竟是宪法史上的例

---

[1] 韩大元:《战争、和平与宪法共识》,载《环球法律评论》2019年第6期。值得一提的是,在学术史上,对法西斯主义这些公然打着宪法反宪法的行为,不少著名的学者还为其寻求合法性根据。如施密特就曾强调:“统治者决定是否出现了极端的紧急情况,以及采取何种措施消除这种情况。他置身于正式生效的法律秩序之外,他绝不属于这种秩序,因为正是由他来决定是否完全搁置宪法。”[德]卡尔·施密特:《政治的神学》,刘小枫编,刘宗坤等译,上海人民出版社2015年版,第25页。直到如今,这种在例外状态下破坏宪法共识的行为,在东西方国家都不同程度地存在着。

外，同时不过是史上的事情，如今经过战后世界各国人民的痛定思痛，这种情形已经成为历史陈迹。事实果真如此吗?

我们再看看当下。一方面，那些向来奉行自由主义宪法观的国家，在政策选择和决策过程中，越来越偏离其固有的自由主义理念。特别是国家出面对经济活动的明显干预，甚至呈现出前所未有的一种新型的国家统制形式。最典型者，莫过于美国对中国发起的所谓“贸易战”，以及在“北溪事件”[1]中明显存在的国家主义对自由主义的挑战……在表象上，这似乎是一种自由的国家主义，但实际上，它以在国际交往中自由的明显减少为代价，扩张了传统的国家主义。这种情形，不仅体现在霸权国家的自主行动中，还越来越彰显出一种国家联盟的特征。其中最典型的，莫过于以美国为首的几个国家所签订的旨在阻止或限制其企业与中国企业自由交易的“芯片联盟”。至于发达国家对全球性事务特别是对落后国家事务的恣意干预，似乎正形成某种可接受且具有所谓“道义基础”的事实。

上述种种表明，建立在国家德性依赖和强力认同基础上的国家主义法律观，以及派生自这种法律观的“国家主义习惯法论”，其所依赖的德性基础和强力认同，因国家权力自身越来越

[1] “北溪”天然气管道爆炸事件，2022年9月26日，由俄罗斯经波罗的海向德国等欧洲国家输送天然气的“北溪”管道发生爆炸泄漏。

超越了宪法的制约，因此，穗积陈重强调的习惯法唯一的国家依赖，已经在相当程度上被解构——尽管习惯法（主要）在裁判规范意义上对国家的依赖，依然是一种不争的事实。

三、习惯法（多元）社会依赖之建构

紧接着的问题是：法律特别是习惯法，一定是国家的吗？国家之外就不存在包括习惯法在内的法律吗？其实，这是一个在学界早已有过深入讨论的话题，其中历史法学、法律社会学、法律人类学、现实主义法学以及习惯—民间法理论等，都突出强调现实世界中法律多元存在的事实，从而汇集成著名的法律多元主义理论。这一理论的集大成者塔玛纳哈曾在接受一位中国学者的采访时指出：

> 法律多元主义令人着迷的原因主要有两个。首先，一切社会中都包含着某种形态的法律多元主义，都包含着内在于或外在于其国家法律体系的法律多元主义。多重法律体系的共存带来了机会以及问题。其次，直到近来，法哲学家都一直基于统一的国家法体系（外加对于国际法的一些思考）这一范式来阐述法律理论，这在很大程度上忽略了法律多元主义的存在。由于法律理论的目标是理解法律是什么以及法律做了什么，并且每个社会中都存在着法律

的多元性，法律理论就必须对法律多元主义做出解释。[1]

所以，在法律多元主义的理念中，现实世界的法律，不仅是国家（主权者）意志的表达，还以其他方式表现着。其中，在多元的法律中，习惯法是最重要的一支。在论者看来，习惯法并非一定是主权者的命令，也可以是其他（多元）社会主体的“命令”，从而存在一种“非国家的习惯法”。

这里不得不提及国家与社会的关系。一直以来，我们在强调国家的时候，似乎忘记了社会，似乎国家就代表、代替了社会。但众所周知，社会与国家的两分，即使在专制传统十分浓厚的古代中国，也是一种既成事实。其中我们熟知的有“家（族）、国同构”的前提——家（族）、国两分，事实上已经区分了社会与国家的关系。甚至在那些纯粹出自国家命令的刑法

[1] 赵英男：《布莱恩·塔玛纳哈谈法律多元主义与法理学》，载https://cj.sina.com.cn/articles/view/5044281310/12ca99fde02001zuq7，2023年5月24日访问。此外，塔玛纳哈在其专书中指出：“多元主义无处不在。”“……这个标签一直被用来指代如下现象：对单一系列法律的多种解释，单一体系下法律的次级体系，一个法律体系中适用不同法律条文的同样法庭以及适用不同法律条文的不同法庭，不同法律条文互动产生的混合法律体系，单一社会中不同法律形态的共存，国际法中不同宗旨的机构彼此共存，国家之间和跨国多种法律体系的共存，以及其他变奏。”［美］布莱恩·Z.塔玛纳哈：《法律多元主义阐释：历史、理论与影响》，赵英男译，商务印书馆2023年版，第3页、第7页。

上，也通过诸如“鞭扑不可弛于家，刑罚不可废于国”[1]的规定，把家族的“家父权”和国家的“刑罚权”在相关法律中予以两分。对古代中国社会与国家的关系，日本学者和我国学者都曾做过认真的研究。一位日本学者认为：

虽然本书是以解明秦汉帝国形成过程为目的，但是，也都是站在社会史的立场……一直以来，在中国史研究中最精彩、最发达的方面是制度史（官制史）的研究……在本书中，我的意图是，在专制君主权力形成的具体和历史的进程中，弄清楚这种制度在现实中、生动的社会诸条件下，制约这种制度的社会史的基础。[2]

我国有一位学者则指出：

中国历史上国家与社会的关系，自有其发展途径，与西欧历史的国家及社会，并不完全相同……中国历史有强势的国家及文官制度，社会力本来已不易发展。社会群又局促于“原群”的限度内，终难整合为有机的复群社会。

---

[1]《汉书·刑法志》。

[2]［日］增渊龙夫：《中国古代的国家与社会》，吕静译，上海古籍出版社2017年版，第423页。

这一历史僵局长期持续，要等到宋以后，以至十八世纪，经济的发展到了一个地步，始有突破僵局的可能。而复群社会可能萌芽，尚须在近代工商业，近代城市，及近代教育孕育的新知识分子出现，始有其契机。[1]

无论中国古代的社会呈现为何种样态，其是否与国家之间形成一种相互制约、牵制的格局，都不能否定社会的存在本身。这种存在，不仅仅表现为如家族、村社、会社、书院、商社等一类的实体性组织，而且在这些组织内部，存在着相当发达的用来调整社会秩序、分配人们权利和义务、安排人们日常生活、预防社会纠纷发生或当社会纠纷发生后进行解决的规范系统。对此，国内学术界的研究已取得了可喜的成果[2]。

---

[1] 许倬云：《中国古代社会与国家之关系的变动》，载《台北人文社会学刊》1993年第1期。

[2] 参见费成康：《中国的家法族规》，上海社会科学院出版社2002年版；孙丽娟：《清代社会的规则与秩序》，中国社会科学出版社2011年版；睢鸿明：《清末明初民商事习惯调查之研究》，法律出版社2005年版；张渝：《清代中期重庆的商业规则与秩序——以巴县档案为中心的研究》，中国政法大学出版社2010年版；谈萧：《中国商会治理规则变迁研究》，中国政法大学出版社2011年版；淡乐蓉：《藏族“赔命价”习惯法研究》，中国政法大学出版社2014年版；李学兰：《商人团体习惯法研究》，中国社会科学出版社2010年版；韩雪梅：《雪域高原的财产法——藏族财产法史研究》，中国社会科学出版社2013年版；杜正贞：《近代山区社会的习惯、契约和权利——龙泉司法档案的社会史研究》，中华书局2018年版；等等。

人类历史进入近代以来，社会与国家的明显两分既是一个既成的事实，也是被学术界格外关注的话题，因为它构造了近代以来人类历史发展和日常生活的基本格局。举凡洛克、霍布斯、卢梭、黑格尔、马克思、哈贝马斯这些伟大的思想史家，都或者以社会与国家的两分作为论述社会契约论的逻辑起点，并经由这种两分经营其理想社会的建构。

与这种常识相呼应的，恰恰是前述对法律的全新看法。法律不仅是出自主权者的命令，它还与（多元）社会主体，诸如政党组织、社会团体、村社组织、企业事业社会组织、家族组织等共存。而与这些社会组织息息相关的习惯法，自然不仅仅是主权者命令的产物，主权者对习惯的命令，仅仅适用于在权力主体参与的相关事务中，适用于立法者、行政者和司法者所主导的那部分社会事务。对于自治的社会主体而言，这种习惯法只是其行为的一个参照项，而不是必须遵循项，更未必是其日常交往行为中的恪守项。

以纠纷解决为例，众所周知，一种能够称为法律的规范，一方面，给人们的交往行为以肯定或否定的明确预期[1]，就如同

[1] 参见谢晖：《论法律预期性》，载《浙江社会科学》2022年第8期。

布迪厄所谓“惯习”一样[1]，即相关规范现实地给人们规定权利和义务；另一方面，当人们因为对事实、需求和规范的理解不同而产生纠纷时，据之予以裁判。所以，当一种规范不但能够给现实交往中的人们规定权利和义务，而且在人们交往中出现纠纷，能运用其进行纠纷处理，且被当事人所接受时，这种规范无论出自什么主体——国家还是其他（多元）社会组织，都具有法律的性质，也具有法律的实际功能。这在现实的纠纷解决中，越来越被人们所关注。

陈柏峰通过对陈村的考察，得出纠纷的解决可分为私力救济、社会型救济、公力救济和“无救济”等四种方式。除了“无救济”这种“救济”方式，事实上只能用“默会知识”理论[2]理解其规则取向外，在其他救济方式中，私力救济和社会型救济多采用民间习惯规范进行处理，而公力救济所运用的规范是国家法律，所依从的力量是国家暴力。但是，“在诉讼中，排除纠纷当事人接受法庭解决或自动和解不论，纠纷当事人至

[1] 在布迪厄看来，所谓惯习就是“生成策略的原则，这种原则能使行动者应付各种未被预见、变动不居的情境……它通过将过去的各种经验结合在一起的方式，每时每刻都作为各种知觉、评判和行动的母体发挥其作用，从而有可能完成无限复杂多样的任务”。[法]布迪厄、[美]华康德：《实践与反思：反思社会学引论》，李猛等译，中央编译出版社1998年版，第19页。

[2] 参见郁振华：《人类知识的默会维度》，北京大学出版社2022年版，第19页以下。

少有一方甚至各方对诉讼裁决结果不满意”。对此，作者深刻地剖析道：

> 法律现代化的完成要依赖于乡土社会纠纷解决机制的现代化。但乡土社会的纠纷解决机制绝不是一个可以任由国家权力改造的技术性问题，而是一个综合的社会工程。它需要促进乡民、村社形成自由联合体，并对抗、引导、改造国家诉讼机制的非互惠性，需要乡土社会与国家之间良性互动和“反思性整合”，需要超越法律现代化的意识形态。[1]

对这种实证研究的结论，在反思性立场上可以进一步发挥：何以乡土社会既有的纠纷解决机制就一定要与国家纠纷解决机制进行“反思性整合”？如何进行“反思性整合”？所谓“反思性整合”，顾名思义，一方面强调反思——无论是对国家法律还是其他社会规范，都应抱着检讨态度，审视其可能存在的不足、问题和可改进的地方；另一方面强调整合，反思不仅

[1] 陈柏峰：《暴力与秩序——鄂南陈村的法律民族志》，中国社会科学出版社2011年版，第190页、第205页。另外，在《乡土社会的公正、秩序与权威》（王铭铭等编，中国政法大学出版社1997年版）一书中，作者就法学研究中的社会—国家范式进行了实证的或理论的深入挖掘与反思。

是为了发现问题、不足和可改进之处，更是为了实现对反思对象的实际改进。面对这两种纠纷解决机制的“反思性整合”，其中整合就是改进。但究竟如何整合？是把两种纠纷解决机制各取所长，整合为一，还是以国家纠纷解决机制为准，整合乡土社会的纠纷解决机制？抑或相反，以乡土社会的纠纷解决机制为准，整合国家的纠纷解决机制？笔者以为，这些类型的整合方式，其目的都是以一来取代多，把法律多元性最终归结为法律一元性。其最大的可能取向，仍然是以国家法的唯一性，取代法的多元存在；以国家纠纷解决的唯一性，取代纠纷的社会解决、民间解决和私力解决，从而隐含着继续蹈入国家法一元论的结局。

因此，与其强调“反思性整合”，不如坚持“反思性互动”。前者以整合为目的，后者以互动为鹄的。整合的结果要么是合二为一，要么是舍一随一，但无论如何，其结果都是多元性的丧失：或国家主义独占鳌头，或排斥国家应有的作用，导向某种无政府主义。但后者必须营造一种前提，即只要强调互动，就一定意味着（多元）社会与国家两分的事实，也意味着社会纠纷处理机制与国家纠纷处理机制之间必要的包容和衔接。这一点，在最近我国推进的三元共进的法治举措（“法治国家、法治政府、法治社会一体建设”）中，有了一定程度的表达。[1]尽管在逻辑关系上，这“三个一体”的内在关联及区分尚待完善，但毕竟已经承认了国家、政府与社会的区别。在此基础上，对三者关系，特别是国家与社会的关系（包括国家在主权意义上与社会的关系和其在权力意义上与社会的关系）必须进一步厘清，才能更好地认知并推进社会与国家共存的法律多元主义格局，助力社会与国家双向建构的“反思性互动”的法治体系——既不是国家取代社会，也不是社会排斥国家，而是把国家的事交给国家，把社会的事交给社会，在社会规范与国家规范的共同作用下，实现法制现代化，即法治化。这也要求在习惯法问题上，改变国家主义习惯法论，而在法律多元主义理念下，在不否认习惯法国家论的基础上，也肯认“社会主义习惯法论”（非国家的习惯法），即承认习惯法的（多元）社会立场。

在日本现代化进程中，人们对这种情形已经有深刻认知。20世纪后期以来，学者们对此予以特别关注。一方面，体现在比较法研究的发达上[2]；另一方面，也体现在以法律多元理念为前提的法律文化研究的发达上。其中，川岛武宜的《日本人的

[1] 参见袁曙宏:《坚持法治国家、法治政府、法治社会一体建设》，载《人民日报》2020年4月21日，第9版。

[2] 例如大木雅夫基于法社会学立场，对比较法的相关卓越论述。参见[日]大木雅夫:《比较法》，范瑜译，法律出版社1999年版。

法意识》一书[1]和千叶正士的《法律多元——从日本法律文化迈向一般理论》一书最值得关注。尤其后者在以“法律多元”为名（据说，这是世界各国学者中，第五本以“法律多元”为主题的书籍）的著作中，提出了“法律多元的三重二分法”以及日本的“非官方法”“官方法通向非官方法的渠道”“适合于非西方情形的法律三层结构”等新颖的理论、问题和概念。针对法律多元，他指出：

> 就法律多元而言，其中一个最基本的问题就是必须指出构成法律多元的多元因素是什么。毋庸置疑，作为前提条件的一个因素就是：国家的法律由于其作为人类社会唯一真正的法这一被人们确信不疑的本质，被正统法学简单地不加任何修饰词加以限制地称作“法”。当人们发现另外的法律体系与“法”一起起作用，无论它们是相互和谐还是相互冲突，这时，法律多元的概念就出现了……国家法与非国家法或习惯法的并存构成了“法律多元”这一概念的基础……[2]

[1] 参见［日］川岛武宜：《日本人的法意识》，胡毓文等译，吉林人民出版社1991年版。

[2] ［日］千叶正士：《法律多元——从日本法律文化迈向一般理论》，范瑜等译，中国政法大学出版社1997年版，第2页。

千叶正士等学者对包括习惯法在内的法律所秉持的立场——法律多元立场，除了基于一种事实之外，怕也有矫正、纠偏类似穗积陈重等学者影响甚大的国家主义习惯法论的意思。这种论述和反思表明：即使在近代以来，具有明显国家崇拜的日本，社会与国家的两分已是一个不争的事实。法律多元存在也不仅是学者们所秉持的一种立场，还是一种客观的社会事实。习惯法从纯粹国家依赖的立场（国家主义习惯法论），分裂出社会依赖的立场（多元主义习惯法论，或非国家的习惯法论），已经得到前述事实的支持。

四、裁判规则与行为规则

那么，如何进一步在理论上把握国家主义习惯法论和多元主义习惯法论（非国家的习惯法）在规范方面的不同表达和需要？即国家主义习惯法论的规范取向和多元主义习惯法论的规范取向有什么区别？笔者认为，埃里希着意强调的裁判规则与行为规则的两分，或许是进而探究这一问题的一个可资借鉴的路径依赖。埃里希曾指出：

> 人类行为的规则和法官据以裁决法律争议的规则可能是大不相同的两回事，因为人类确实并不总是依照使用其纠纷裁决的规则来行为的。

> 裁判规范像所有的社会规范一样是一种行为规则，但确实只为法院适用，它至少主要不是一种为在日常生活中活动的人设定的规则，而是为对他人的行为进行裁判的人设定的规则。因此，就裁判规范是一种法律规范而言，它表现为一种特殊种类的法律规范，区别于包含一般行为规则的法律规范。[1]

尽管埃里希在这里并未很清楚地界定裁判规则和行为规则的明确界限，但已然强调这两种规则的重要区别。循着埃里希的思路，则进一步的结论是：裁判规则是主要用来对案件裁判者——国家司法机关提供规范支持的那一类规范；而行为规则则主要是用来对人们日常的交往行为提供规范保障，指示其可以做、应当做、必须做、不能做的那一类规范。在这里：

首先，在国家法范围内，裁判规范与行为规范具有交叠性，一种裁判规范，可能成为行为规范，但其主要功能是支持司法裁判；一种行为规范，也会被司法裁判所运用，但其主要功能，是用来指引人们日常交往行为的。如果着眼于两大法系，可以发现：以法典化为特征的大陆法系的法律，更侧重于行为规则；

[1] ［奥］欧根·埃利希：《法社会学原理》，舒国滢译，中国大百科全书出版社2009年版，第9页、第127页。

其裁判规则的属性，是建立在其行为规则的属性基础上的。而以判例法为特征的英美法系的法律（特别是判例法），更侧重于裁判规则；其行为规则的属性，则是建立在其裁判规则的属性基础上的。

其次，在除了国家法的（多元）社会规范体系中，所有规范主要表现为人们之间的行为规则。尽管在国家外的纠纷处理——私力救济或社会救济中，这些规范也能被作为"准裁判规则"而适用，但总体上讲，"准裁判规则"仍属于行为规则范畴，而不是本文所讲的裁判规则，所以，相关规范，无论是国家法之外的多元主义的、非国家的习惯法，还是其他相关民间规范，如社团内部规范、社区规范、平台规则、企业和事业内部规范等，都主要是行为规则，而不是裁判规则。

最后，在国家法与国家之外的多元法之间，尽管国家法的制定，是为了给人们的交往行为指明方向，但其最显眼的作用，还是在裁判活动中的适用——因为所有的社会纠纷，都是人们日常交往行为中的一种例外事件，当然也是焦点事件，故更容易引起人们的特别关注。在这个意义上，可以大体判定：国家法更倾向于是一种裁判规则。而国家法之外的其他多元法，尽管在国家法授权的前提下，裁判主体可以选择性地适用之进行司法裁判，但在更多情形下，它只是一种社会主体在日常交往行为中的行为规则。

确实，习惯法这一概念完全可以在国家主义习惯法和多元主义（非国家）习惯法两个视角上进行解读。国家主义习惯法论一般是排斥主权者命令之外的其他视角的习惯法的，但多元主义习惯法论却包容国家主义习惯法论，甚至认可在当代世界，国家主义习惯法具有主导性和决定性，但它不具有习惯法的替代性。这意味着在国家认可的习惯法之外，一种习惯，只要被一定时空内的社会主体所接受，在日常生活和交往中，还有权利义务分配的功能和纠纷解决的功能，那么，它就构成（多元）社会（非国家）意义上的习惯法。这种非国家的习惯法，自来就主要是一种行为规则。即便它在国家授权下，能被司法机关作为裁判规则使用，也有严格的条件和程序限制，并且只是选择性适用，不是强制性适用。

而国家认可的习惯法，更多时候是一种裁判规则。如我国《民法典》第十条对"可以适用习惯"的明令："处理民事纠纷，应当依照法律；法律没有规定的，可以适用习惯，但是不得违背公序良俗"，显然是站在裁判规则立场上的国家授权[1]，属于裁判规则的范畴。大陆法系其他国家和地区（如瑞士民法、日

[1] 参见谢晖：《"可以适用习惯"的法教义学解释》，载《现代法学》2018年第2期；《论"可以适用习惯""不得违背公序良俗"》，载《浙江社会科学》2019年第1期；《论司法对法律漏洞的习惯救济——以"可以适用习惯"为基础》，载《中南大学学报（社会科学版）》2020年第1期。

本民法等）在法律上的类似授权——对习惯的国家认可，莫不以司法援引为鹄的，莫不呈现着裁判规则的特征。而英美法系国家在司法中适用习惯所创造的判例，本身就主要是裁判规则，而不主要是行为规则。[1]

那么，何以国家（认可）的习惯法之主要规则是裁判规则？又何以非国家的习惯法之主要规则是行为规则？这是如下拟继续探究的话题。

先来看前者，诚如前述，国家（认可）的习惯法，一是来自立法机关的认可性立法；二是来自司法机关的裁判性适用（或制作判例法，或形成裁判规范）。

立法机关的认可性立法，与其创制（或制定）性立法一起，构成其法律制定的两大方式。其中认可性立法建立的基本前提，是之前的社会交往关系中业已存在相关规范，并有效调整着人们的交往行为。其中在这些规范中，习惯是立法认可的最重要的领域。它也是人们研究立法认可这一概念的主要对象和场

[1] 判例法除了裁判规则的属性外，还能不能是行为规则？如果能，那么在何种意义上是行为规则？这是颇值探讨的问题。当年为追索这一问题，笔者曾请教了多位对英美法系有深入研究的学者，但其对判例法作为行为规则的解释理由至今没有说服笔者。笔者的基本看法是：毫无疑问，判例法具有行为规则的属性，但其有关行为规则的内容主要出自裁判的既判力，因此，作为裁判规则，它具有普遍性；作为行为规则，它只具有和既判力相关的特殊性。当然，这只是笔者的初步见解，尚需补强资料和论证。

域。[1]立法认可的结果，在效力上既指向行为规则，例如把春节、清明、端午以及中秋等与传统习惯紧密相关的日子规定为法定假日，其实是把既有的节假日习惯这种行为规则上升为国家法上的行为规则。就行为规则的内容而言，在国家认可前后即使有区别，区别也不会太大，无论是在内容上还是在功能上都是如此。这样看来，似乎认可性立法的功能并不指向裁判规则，反而指向行为规则。但如前所述，这些习惯，即使国家不予认可，它在实践中仍是法律多元的形式，作为行为规则存在着——就如同元宵节、中元节等并未规定为国家法定假日，但人们仍依其习俗过相关节日一样。国家的认可，一方面，只是给其添加了国家强制的外力保障；另一方面，为司法解决相关领域的纠纷提供了直接的、权威的依据——这也彰显其作为裁判规则的意义。

至于司法机关对习惯的适用，在判例法国家属于法官的自由裁量权范畴，也与判例法的法官造法（判例法）原理若何符节，所以，在判例法国家，习惯适用的结果是判例法的产出——即使在判例法国家，对习惯的司法适用及其判例法在重

[1] 参见高其才等：《当代中国法律对习惯的认可研究》，法律出版社2013年版；谢晖：《论我国地方立法对民间规范的认可》，载《湖湘论坛》2018年第1期；等等。

要程度和效力上与立法机关的成文法认可不能相提并论。在成文法国家，习惯除了被国家立法机关直接认可之外，同时在国家立法授权下，还是司法的重要法源——尽管法学界对于究竟习惯还是习惯法是法律渊源，存在不同的认识。[1]法官适用习惯进行裁判时，由于“习惯法丧失了效力渊源的地位，也就意味着它无法凭借自己的权威就成为法官审理案件时具有规范拘束力的裁判依据……它们无法在法庭上当然地成为处理他们之间纠纷的裁判依据……所以，这种情形下的习惯法已经不能被称为完整意义上的‘法’”[2]。饶是如此，笔者仍然要说，即使一般情形下，法官很少径直以习惯作为裁判的逻辑大前提（并非完全不存在），但只要法官在司法中引用习惯进行说理，把习惯作为说理的事实依据，那么，习惯事实上就被融入法官针对个案的裁判规范中去了。正是在此意义上，成文法国家，特别是我国司法对习惯的运用，向来是把其作为裁判规则使用的。

[1] 例如彭中礼强调习惯规范是法律渊源的形式（参见彭中礼:《法律渊源论》，方志出版社2014年版，第127页以下）；而雷磊虽以“习惯作为法源”提出追问，但全文却坚持习惯法的法源问题（雷磊:《习惯作为法源？——以〈民法典〉第10条为出发点的思考》，载《环球法律评论》2019年第4期）。

[2] 雷磊:《“法律渊源”意味着什么？》，中国政法大学出版社2021年版，第241页。

以上两点皆表明：国家（认可）的习惯法之主要规则是裁判规则。

再来看后者——何以非国家的习惯法之主要规则是行为规则?

非国家的习惯法，其主体是社会——形形色色的多元化的社会组织。他们在日常交往中，即便存在着国家法律，也不会轻易把法律作为其交往行为的规则，毋宁说，他们的交往行为规则，就是所谓非国家的习惯法（或者所谓惯习）和其他规范。有学者在论述惯习时强调：

> 社会惯习几乎遍布我们生活的各个方面。放眼望去，目所能及，人们无处不在遵循着惯习。
>
> ……惯习是社会规则：一项惯习是一条总体说来为某个群体所遵循的规则……惯习为了存在下去，则必须为人们所践行，即为某群体所实际遵循……一项规则当被看作有拘束力的时候，即得到遵循……惯习必须为相关群体视为有拘束力的。说某行为是惯习性的……乃因该相关行为是惯习所要求的行为。[1]

---

[1] ［美］安德瑞·马默：《社会惯习：从语言到法律》，程朝阳译，中国政法大学出版社2013年版，前言，第4—5页。

尽管社会惯习未必一定是非国家的习惯法，即社会惯习的内容、范围要比非国家的习惯法大得多，但作者的相关结论与笔者这里论述非国家的习惯法一样，后者也在人们的日常生活和交往中是无所不在的，举凡人们的家庭生活、村社（邻里）关系、节庆交往、婚丧嫁娶、师徒关系、劳动纪律、分配规则等，在非国家的世界，无不受习惯法这种行为规则的规制。值得一提的是，这样的行为规则，与国家的习惯法相比，对相关主体而言更具有自觉性——它不需要国家的暴力强制作保障，即能得到人们在交往行为中的贯彻落实。在一定意义上，非国家的习惯法就因人们行为的反复一致而成，其自始就是人们日常生活交往的行为规则。

当然，这不是说非国家的习惯法就没有裁判功能，但其裁判功能，如果被国家裁判机构所采纳，就成为国家习惯法的范畴，对习惯而言，是次于立法认可的司法认可。这在前文已经论述，在此不作赘述。如果其作用于对社会纠纷的私力救济或社会救济，尽管在一定意义上也彰显其裁判功能，但不能因此说有了这种裁判功能，非国家的习惯法就获得了裁判规则的属性，因为如前所述，裁判规则自始就被定义为与社会纠纷的司法救济相关的规则，即它是用来进行司法裁判的规则。所以，当面对社会纠纷，私力救济或社会救济运用非国家的习惯法时，只是表明这种行为规则具有裁判、解决纠纷的功能，而不能认为它就是裁判规则；至少不能与国家司法意义上的裁判规则等量齐观、相提并论。

如上两个方面都表明，非国家的习惯法，其基本功能是对人们生活交往的行为导向功能，是一种行为规则。上述裁判规则与行为规则的分类处理，分别适用于对国家习惯法特征和非国家习惯法特征的说明，也在一定意义上表明习惯法并不只是国家的。从裁判规则的视角观察，习惯法大概率是国家的（当然不否定国家习惯法，特别是立法认可的成文习惯法同时具有行为规则的属性）；从行为规则的视角观察，习惯法主要是非国家的，是（多元）社会的。可见，裁判规则和行为规则这对概念，对反思以穗积陈重等为代表的学者之国家主义习惯法论时所具有的重要的方法论意义。

五、法律多元立场的习惯法

行文至此，需要在反思穗积陈重“国家主义习惯法论”的基础上，继续对究竟什么是习惯法做些简要的结论性论述。诚然，要对人们讨论日久的一个概念作出不同于以往的界定，是相当困难的，在既往有关习惯法的观念中，已经存在很多不同的学说，对此，雷磊主要以欧陆特别是以德国和我国学界有关习惯法的观念为例，做了类型化总结，即习惯法性质的“践行说”“确信说”“意志说”“心理说”“承认说”。[1]当然，这些观点都是建立在对习惯法法律性质肯定基础上的。在我国，还有一些学者不认同习惯法的法（律）属性，例如田成有和陈景辉。前者在一篇论文的摘要中指出：

> 所谓的“习惯法”其实就是群体意义上的习惯做法，就是习惯规范，“习惯法”可以作为一个分析性概念使用，而不能把它当成一个与国家法相对应的分类概念使用，更不能把各种规范随意地、人为地、想当然地“加冕”为法……[2]

后者照例在一篇论文的摘要中更为果决地指出：

> “是否存在习惯法”是个重要的理论问题，它包括两个子问题：第一，是否存在“习惯法”这种独特的法律类型？第二，习惯是否在说明法律的性质时是不可或缺的概

[1] 参见雷磊著：《“法律渊源”意味着什么？》，中国政法大学出版社2021年版，第224—230页。另外，张镭主要以中文世界的相关论述为基础，也对相关习惯法的概念做出了较为系统的总结（参见张镭：《论习惯与法律——两种规则体系及其关系研究》，南京师范大学出版社2008年版，第41—48页）。

[2] 田成有：《“习惯法”是法吗？》，载《云南法学》2000年第3期。

念要素？对于前一个问题，由于无论以何种方式进入法律领域的习惯，要么是制定法的内容、要么是判例法的内容、要么根本就不是法律，所以并不存在习惯法这种独特的法律类型。对于后一个问题而言，习惯与法律性质的理论连接，依赖于“化约论”这种研究方法的运用；然而，化约论只是主张要说明法律的性质必然诉诸某种社会事实，但并没有必然指向习惯这种社会事实，所以这种类型的习惯法观念也难以成立。[1]

显然，这些观点，与穗积陈重一样，仍然是基于国家主义习惯法论的立场所做的叙事，也是基于司法本位的立场得出的结论。固然，根据国家主义的法理论，习惯法只要未经过国家（立法或司法）的认可，就无缘成为法或法律。但如前所述，二十世纪以来，一种多元主义的法律观念异军突起：法除了国家的，还存在非国家的。非国家的法并不是空空荡荡的一通说辞，而是实际地作用于国民交往行为中的事实。它在功能上，主要是以行为规则而非裁判规则发挥着作用。在此意义上，完全可以说作为行为规则的习惯法无所不在——同时，它不是人们日常所谓的习惯，而就是习惯法。这样的习惯法，笔者站在

[1] 陈景辉：《“习惯法”是法律吗？》，载《法学》2018年第1期。

“要素论”的基础上再做一些适当补充。

事实上，习惯法不仅有乡民社会的，还有城市社群、社区、团体以及其他组织的；不仅有地方性的，还有全国性乃至全人类的；不仅有以口耳相传的，还有以行为示范的和文字记载的。这样，在法律多元主义观念下，可以对习惯法作出如下两个视角的界定：习惯法既可以是国家法的表现形式。当指称其是国家法时，是指一种习惯被国家立法机关在立法时所认可或司法机关在司法时所适用（无论是作为裁判根据的适用，还是作为裁判说理理由的适用）。这时，它与制定法、判例法一样，是国家法的表现形式。国家的习惯法，主要是供司法裁判中适用的裁判规则。

习惯法也可以是非国家法的表现形式。当指称其是非国家法时，意味着一种习惯在现实性上，具有在一定时空内人们对它在道德信赖基础上的反复运用，利益信赖基础上的权利义务预期和公正信赖基础上的解纷主张。即在一定时空范围内，凡是能够给交往主体带来道德信赖、利益信赖和公正信赖，并经由这些信赖被人们在交往行为中反复运用、分配权利义务关系、处理权利义务关系纠纷的习惯，无论其是否被国家认可或适用，都是习惯法。非国家意义上的习惯法，主要是人们日常生活交往的行为规则。不过习惯法并非国家习惯法和非国家习惯法这样两元，其中在非国家习惯法中，既存在地域视角的多元习惯法，又存在族群视角的多元习惯法，还存在主体（不同社会组织）视角的多元习惯法。所以，如果说法律是多元的话，那么习惯法更名副其实地表现着法律的多元性。

上述对习惯法的界定，显然并不是为了摆脱穗积陈重等学者所青睐的国家主义习惯法论，也无意否定国家主义习惯法论，而只是对国家主义主导下的法学说和习惯法学说在社会主体生活和交往的事实基础上，做些补充性的事实陈述——只要我们把人们日常生活和交往中的行为规则纳入法的思考范畴，那么，习惯法不仅是国家的，还是（多元）社会的；不仅有国家习惯法，还有非国家习惯法。

图书在版编目（CIP）数据

法律进化论．习惯与法律 /（日）穗积陈重著；曾玉婷译．—北京：中国法制出版社，2023.6

ISBN 978-7-5216-3494-5

Ⅰ．①法… Ⅱ．①穗… ②曾… Ⅲ．①法学 Ⅳ．①D90

中国国家版本馆CIP数据核字（2023）第072745号

策划编辑 王雯汀　　责任编辑 王雯汀　　封面设计 李 宁

法律进化论．习惯与法律

FALÜ JINHUALUN. XIGUAN YU FALÜ

著 者 /［日］穗积陈重

译 者 / 曾玉婷

经 销 / 新华书店

印 刷 / 应信印务（北京）有限公司

开 本 / 787毫米×1092毫米 32开

印 张 / 7.5

字 数 / 122千

版次：2023年6月第1版 / 2023年6月第1次印刷

书号：ISBN 978-7-5216-3494-5　　定价：45.00元

北京市西城区西便门西里甲16号西便门办公区

邮政编码：100053　　传真：010-63141600

网址：http://www.zgfzs.com　　编辑部电话：010-63141824

市场营销部电话：010-63141612　　印务部电话：010-63141606

（如有印装质量问题，请与本社印务部联系。）